AF193457

IFCD0099

INTELIGENCIA ARTIFICIAL GENERATIVA Y MEJORA DE LA PRODUCTIVIDAD

IFCD0099

INTELIGENCIA ARTIFICIAL GENERATIVA Y MEJORA DE LA PRODUCTIVIDAD

Beatriz Coronado García

La ley prohíbe
fotocopiar este libro

IFCD0099 - INTELIGENCIA ARTIFICIAL GENERATIVA Y MEJORA DE LA PRODUCTIVIDAD
Thema: UYQ Inteligencia Artificial
Bisac: TEC075000
© Beatriz Coronado García
© De la edición: Ra-Ma 2024

Editado por:
RA-MA Editorial
Calle Jarama, 3A, Polígono Industrial Igarsa
28860 PARACUELLOS DE JARAMA, Madrid
Teléfono: 91 658 42 80
Fax: 91 662 81 39
Correo electrónico: *info@grupoeditorialrama.com*
Internet: *www.ra-ma.es* y *www.ra-ma.com*
ISBN: 978-84-1036-086-0
Depósito legal: M-26015-2024
Maquetación: Antonio García Tomé
Diseño de portada: Antonio García Tomé
Filmación e impresión: Safekat
Impreso en España en noviembre de 2024

A mis abuelos, que con su vida transformaron momentos en eternidad y palabras en legado.

ÍNDICE

ACERCA DE LA AUTORA

Beatriz Coronado García

Máster en Prevención de Riesgos Laborales (3 especialidades) por la Universidad Francisco de Vitoria (2020-2021). Intensivo de experto en desarrollo de aplicaciones web por la Universidad San Jorge–SEAS (2021-2022). Grado en Sociología por la Universidad Rey Juan Carlos (2013-2017).

Profesional autónoma especializada en la gestión de proyectos editoriales y desarrollo de contenido formativo, con experiencia en tecnologías educativas y desarrollo web. Actualmente, trabaja con varias editoriales. Tiene experiencia en la utilización de diversas IA en el entorno laboral: ChatGPT 4.0, Copilot, Perplexity, Gemini y Midjourney, así como en el manejo de Microsoft 365 Business Standard. Además, cuenta con amplios conocimientos en lenguajes de programación como HTML5, CSS3 y JavaScript, y en sistemas de gestión de contenidos como WordPress.

Contacto

INTRODUCCIÓN

La Inteligencia Artificial ha revolucionado la manera en que se abordan muchas tareas en el ámbito laboral. Su capacidad para automatizar procesos repetitivos y analizar grandes volúmenes de datos permite a las empresas aumentar su eficiencia y tomar decisiones informadas con mayor rapidez. Además, la IA facilita la personalización de servicios y productos, mejorando la experiencia del cliente y abriendo nuevas oportunidades de negocio.

La implementación de IA en el entorno laboral mejora la productividad y fomenta la innovación. Al liberar a los empleados de tareas rutinarias, se les permite concentrarse en actividades de mayor valor agregado, como la estrategia y la creatividad. Por ejemplo, un asistente virtual puede encargarse de la gestión de agenda y correos electrónicos, mientras que el personal se dedica a desarrollar nuevas ideas y proyectos.

En este manual se presenta una guía completa sobre el uso y aplicaciones de la Inteligencia Artificial (IA) en diversos ámbitos. El propósito es proporcionar una comprensión profunda y práctica de cómo la IA puede integrarse en diferentes procesos laborales para aumentar la eficiencia y la productividad.

Visión general del contenido

El manual se divide en cuatro capítulos principales, cada uno abordando diferentes aspectos y aplicaciones de la IA:

Capítulo 1: fundamentos de la Inteligencia Artificial

Este capítulo introduce los conceptos básicos de la IA, su evolución, y su impacto en diferentes industrias. También se detallan las diversas ramas de la IA, como el Machine Learning y el Deep Learning, y se explican técnicas de preparación de datos y entrenamiento de modelos.

Capítulo 2: creación de texto e imágenes

Aquí se exploran herramientas y técnicas para la generación de texto e imágenes utilizando modelos de IA. Se incluyen casos de uso específicos, ejemplos prácticos y técnicas avanzadas como la ingeniería de prompts y la creación de imágenes fotorealistas.

Capítulo 3: generación de Sonido, Vídeo e Imagen en Movimiento

En este capítulo se presentan las aplicaciones de la IA en la creación y manejo de contenido audiovisual. Se discuten herramientas para la generación de sonido y vídeo a partir de texto, así como técnicas para mejorar la calidad de estos contenidos.

Capítulo 4: conversaciones, atención al cliente y análisis de sentimientos

Este capítulo se centra en el uso de la IA para la creación de conversaciones automatizadas, la atención al cliente y el análisis de sentimientos. Se examinan diversas plataformas y sus aplicaciones prácticas en entornos empresariales.

Este manual está diseñado para ser una herramienta de aprendizaje accesible y práctica, adecuada tanto para principiantes como para aquellos con conocimientos previos en Inteligencia Artificial. A lo largo del texto, se incluyen anotaciones, ejemplos prácticos y trucos que facilitarán la comprensión y aplicación de los conceptos presentados.

FUNDAMENTOS DE LA INTELIGENCIA ARTIFICIAL

1.1 INTRODUCCIÓN A LA INTELIGENCIA ARTIFICIAL

La Inteligencia Artificial (IA) se ha convertido en una parte integral de nuestra vida cotidiana y del mundo empresarial. Desde la asistencia personal en dispositivos móviles hasta complejos sistemas de análisis de datos en la industria, la IA está revolucionando la manera en que interactuamos con la tecnología y cómo esta puede mejorar la eficiencia y efectividad en diversas tareas. Los siguientes epígrafes proporcionan una comprensión profunda de los conceptos básicos de la IA, su evolución histórica y su impacto en diferentes sectores.

1.1.1 Evolución

Para comprender el impacto actual de la Inteligencia Artificial (IA) y su potencial futuro, es necesario explorar su evolución histórica y los hitos significativos que han marcado su desarrollo. A continuación, se presenta una visión detallada de la historia de la IA, sus principales descubrimientos e hitos, así como su influencia en diversas industrias.

La IA ha experimentado un desarrollo significativo desde sus primeros días. La evolución de la IA puede dividirse en varias etapas clave:

Década	Eventos clave
Década de 1950	La IA surge como campo de estudio formal. Alan Turing introduce el concepto de "máquina universal" y el "Test de Turing" para evaluar la inteligencia de una máquina. En 1956, el término "Inteligencia Artificial" se utiliza por primera vez en la conferencia de Dartmouth, considerada el nacimiento oficial del campo.
Décadas de 1960 y 1970	Se desarrollan los primeros sistemas expertos y se avanza en la programación lógica. En 1965, Joseph Weizenbaum crea ELIZA, uno de los primeros programas de procesamiento de lenguaje natural.
Década de 1980	La investigación en redes neuronales resurge, impulsada por avances en el aprendizaje supervisado y no supervisado. Los sistemas expertos encuentran aplicaciones prácticas en diversas industrias.
Década de 1990	La IA se populariza con el éxito de Deep Blue, el programa de ajedrez de IBM que vence al campeón mundial Garry Kasparov en 1997. Este evento marca un hito en la capacidad de las máquinas para competir con seres humanos en tareas complejas.
Siglo XXI	Se producen avances notables en el aprendizaje profundo (Deep Learning) y el aprendizaje automático (Machine Learning). El desarrollo de grandes volúmenes de datos (Big Data) y la mejora en el poder de procesamiento permiten aplicaciones más complejas y precisas, desde asistentes virtuales hasta vehículos autónomos.

A lo largo de su evolución, la IA ha alcanzado varios hitos importantes que han influido en su desarrollo y aplicaciones:

▶ **Algoritmos de aprendizaje supervisado:** permiten a las máquinas aprender de datos etiquetados, mejorando su capacidad para realizar tareas específicas con alta precisión.

▶ **Redes neuronales profundas:** facilitan el reconocimiento de patrones complejos en datos como imágenes y textos, impulsando aplicaciones en visión por ordenador y procesamiento de lenguaje natural.

▶ **IA en tiempo real:** los avances en procesamiento y algoritmos permiten el desarrollo de sistemas de IA que operan en tiempo real, como los asistentes virtuales y los sistemas de recomendación.

▶ **Desarrollo de tecnologías autónomas:** la IA impulsa el desarrollo de vehículos autónomos, drones y robots, transformando sectores como la logística y el transporte.

> ### ⓘ Reflexión
>
> **¿Cómo puede transformar la IA las prácticas laborales?**
>
> La implementación de la IA en el entorno laboral mejora la productividad, fomenta la innovación e impulsa la creatividad. Al automatizar tareas repetitivas, se libera a los empleados para que se concentren en actividades de mayor valor agregado, como la estrategia y el desarrollo de nuevos productos. Por ejemplo, un asistente virtual puede gestionar la agenda y los correos electrónicos, permitiendo que el personal se enfoque en proyectos más complejos y estratégicos.

1.1.2 Utilidades

Las aplicaciones de la Inteligencia Artificial abarcan una amplia gama de áreas y sectores. La IA ha demostrado ser una herramienta valiosa en múltiples campos, mejorando procesos y ofreciendo soluciones innovadoras. A continuación, se presentan algunas aplicaciones destacadas:

Aplicaciones en salud

- **Diagnóstico médico:** la IA se utiliza para analizar imágenes médicas, como radiografías y resonancias magnéticas, para detectar enfermedades con precisión. Por ejemplo, los algoritmos pueden identificar signos de cáncer en imágenes de mamografías con una precisión comparable a la de los radiólogos expertos.

- **Medicina personalizada:** la IA ayuda a desarrollar tratamientos personalizados basados en el análisis de datos genéticos y médicos del paciente. Esto permite crear terapias específicas que aumentan la eficacia del tratamiento y reducen los efectos secundarios

- **Telemedicina:** la IA facilita las consultas médicas a distancia mediante el análisis de síntomas y la recomendación de tratamientos. Los chatbots médicos pueden proporcionar asesoramiento preliminar y programar citas con profesionales de la salud.

Aplicaciones en finanzas

▶ **Análisis de riesgo:** los modelos de IA evalúan el riesgo crediticio de los solicitantes de préstamos analizando su historial financiero y otros datos relevantes. Esto permite a las instituciones financieras tomar decisiones informadas y reducir el riesgo de impagos.

▶ **Trading algorítmico:** la IA se utiliza para desarrollar algoritmos que realizan operaciones bursátiles de manera automática basándose en el análisis de grandes volúmenes de datos del mercado. Esto optimiza las estrategias de inversión y mejora la rentabilidad.

▶ **Atención al cliente:** los chatbots financieros gestionan consultas de clientes, proporcionan información sobre productos y servicios, y realizan transacciones. Esto mejora la eficiencia del servicio al cliente y reduce los tiempos de espera.

Aplicaciones en educación

▶ **Sistemas de tutoría inteligente:** los programas de IA ofrecen apoyo personalizado a los estudiantes adaptando el contenido educativo a su ritmo de aprendizaje. Por ejemplo, plataformas como Khan Academy utilizan algoritmos para sugerir ejercicios y lecciones basadas en el rendimiento del estudiante.

▶ **Análisis del rendimiento:** la IA analiza datos académicos para identificar áreas de mejora y ayudar a los educadores a desarrollar estrategias de enseñanza más efectivas. Esto permite un enfoque más personalizado y centrado en las necesidades de cada estudiante.

▶ **Creación de contenido educativo:** la IA genera automáticamente materiales de estudio, como resúmenes y cuestionarios, basados en el contenido de los cursos. Esto ahorra tiempo a los profesores y proporciona a los estudiantes recursos adicionales para su aprendizaje.

Aplicaciones en entretenimiento

▶ **Recomendaciones de contenido:** las plataformas de streaming utilizan algoritmos de IA para sugerir películas, series y música basadas en las preferencias del usuario. Esto mejora la experiencia del usuario al ofrecerle contenido que se ajusta a sus gustos.

▶ **Creación de contenido:** la IA se aplica en la generación de guiones, música y obras de arte. Por ejemplo, los modelos de lenguaje pueden escribir guiones para películas o programas de televisión, y los algoritmos de IA pueden componer música original.

▶ **Videojuegos:** los desarrolladores de videojuegos utilizan IA para crear personajes y entornos interactivos que se adaptan al comportamiento del jugador. Esto proporciona una experiencia de juego más inmersiva y personalizada.

ⓘ Nota

Para mantener la eficacia de los algoritmos de IA, es fundamental realizar un entrenamiento continuo con datos actualizados. Esto permite que el sistema se adapte a nuevas tendencias y patrones, mejorando su precisión y utilidad.

1.2 IDENTIFICACIÓN DE LAS RAMAS DE LA IA

La Inteligencia Artificial abarca diversas disciplinas y técnicas que permiten a las máquinas realizar tareas que normalmente requieren inteligencia humana. Entre las ramas más destacadas de la IA se encuentran el Machine Learning, el Deep Learning y el Procesamiento de Lenguaje Natural. A continuación, se describen en detalle cada una de estas ramas, sus conceptos fundamentales y aplicaciones prácticas.

1.2.1 Machine Learning

El Machine Learning, o aprendizaje automático, es una rama de la Inteligencia Artificial que se centra en el desarrollo de algoritmos que permiten a las máquinas aprender de los datos y mejorar su rendimiento con el tiempo.

El Machine Learning se basa en la idea de que las máquinas pueden aprender a partir de los datos sin programarse explícitamente para cada tarea. Existen tres tipos principales de aprendizaje en Machine Learning:

▸ **Aprendizaje supervisado:** en este enfoque, los algoritmos se entrenan con datos etiquetados. Cada ejemplo de entrenamiento tiene una etiqueta o resultado deseado, lo que permite al modelo aprender la relación entre las características de entrada y la salida. Por ejemplo, un modelo puede entrenarse para clasificar correos electrónicos como spam o no spam utilizando un conjunto de correos etiquetados.

▸ **Aprendizaje no supervisado:** los algoritmos buscan patrones en datos no etiquetados, descubriendo estructuras ocultas sin la guía de etiquetas predefinidas. Un ejemplo de esto es el clustering, donde se agrupan datos similares en categorías sin conocimiento previo de las mismas. Este tipo de aprendizaje se utiliza en la segmentación de clientes y la detección de anomalías.

▸ **Aprendizaje por refuerzo:** en este enfoque, los algoritmos aprenden mediante un sistema de recompensas y castigos, optimizando sus acciones para maximizar una recompensa a largo plazo. Un ejemplo es un agente de IA que aprende a jugar a un videojuego mejorando su estrategia a través de la experiencia y la retroalimentación obtenida de su entorno.

A continuación, se presentan algunos de los algoritmos más comunes en el Machine Learning:

▸ **Regresión lineal:** este algoritmo se utiliza para predecir valores continuos basados en la relación lineal entre variables. Es común en aplicaciones de predicción de precios y análisis de tendencias. Por ejemplo, una empresa de bienes raíces puede utilizar la regresión lineal para predecir el precio de una vivienda en función de su tamaño y ubicación.

▸ **Árboles de decisión:** estos algoritmos clasifican datos en categorías basándose en características de entrada, creando un modelo en forma de árbol. Cada nodo del árbol representa una decisión basada en un atributo específico. Los árboles de decisión son útiles en la toma de decisiones y el análisis de riesgos, como en el caso de clasificar clientes en función de su solvencia crediticia.

▶ **Redes neuronales:** inspiradas en la estructura del cerebro humano, las redes neuronales se utilizan para tareas complejas como el reconocimiento de imágenes y el procesamiento de lenguaje natural. Estas redes consisten en capas de neuronas que procesan la información de manera jerárquica. Las redes neuronales profundas (Deep Learning) han sido particularmente exitosas en el reconocimiento de patrones complejos, como la identificación de objetos en imágenes.

ⓘ **Ejemplo**

Clasificación de imágenes utilizando Machine Learning

Una empresa de comercio electrónico decide utilizar Machine Learning para mejorar la experiencia de búsqueda de productos en su plataforma. El equipo de datos entrena un modelo de red neuronal profunda para clasificar automáticamente las imágenes de productos en categorías predefinidas. Este sistema ayuda a organizar mejor los productos y facilita a los clientes encontrar lo que buscan, mejorando así la eficiencia y la satisfacción del usuario.

1.2.2 Deep Learning

El Deep Learning es una subrama del Machine Learning que utiliza redes neuronales profundas para procesar grandes cantidades de datos y reconocer patrones complejos.

Las redes neuronales profundas están formadas por múltiples capas de neuronas, cada una de las cuales procesa la información de manera específica. Estas capas incluyen:

▶ **Capa de entrada:** recibe los datos de entrada y los transmite a las capas siguientes.

▶ **Capas ocultas:** procesan la información mediante cálculos y transformaciones. Cuantas más capas ocultas tiene una red, más profunda es y más complejos pueden ser los patrones que reconoce.

▶ **Capa de salida:** proporciona la respuesta final del modelo, que puede ser una clasificación, una predicción o una recomendación.

El entrenamiento de las redes neuronales profundas implica ajustar los pesos de las conexiones entre las neuronas para minimizar el error de predicción. Este proceso se realiza utilizando algoritmos como el backpropagation, que calcula el gradiente del error y ajusta los pesos en consecuencia.

El Deep Learning ha demostrado ser extremadamente eficaz en una variedad de aplicaciones:

▸ **Reconocimiento de voz:** los asistentes virtuales como Siri de Apple y Google Assistant utilizan redes neuronales profundas para comprender y responder a comandos de voz. Estos sistemas pueden interpretar el habla humana con alta precisión y proporcionar respuestas contextualmente relevantes.

▸ **Visión por ordenador:** la IA se utiliza para detectar y clasificar objetos en imágenes y vídeos. Esto tiene aplicaciones en seguridad, donde los sistemas de vigilancia pueden identificar actividades sospechosas, y en la conducción autónoma, donde los vehículos utilizan la visión por ordenador para detectar obstáculos y señales de tráfico.

ⓘ Ejemplo

Clasificación de imágenes utilizando Deep Learning

Una empresa de tecnología decide implementar un sistema de Deep Learning para clasificar automáticamente las imágenes de productos en su plataforma de comercio electrónico. El modelo de red neuronal profunda es entrenado con miles de imágenes etiquetadas y aprende a identificar características visuales específicas de cada categoría de producto. Este sistema no solo organiza mejor los productos, sino que también mejora la precisión de las búsquedas de los clientes, facilitando una experiencia de usuario más eficiente y satisfactoria.

1.2.3 Procesamiento de lenguaje natural

El Procesamiento de Lenguaje Natural (PLN) se ocupa de la interacción entre los ordenadores y el lenguaje humano.

El PLN utiliza una variedad de técnicas y herramientas para entender y generar texto en lenguaje natural:

▶ **Análisis de sentimiento:** esta técnica evalúa textos para determinar el sentimiento expresado, como positivo, negativo o neutral. Es ampliamente utilizada en el análisis de redes sociales y encuestas de satisfacción para comprender mejor las opiniones y emociones de los usuarios.

▶ **Generación de texto:** los modelos de lenguaje como GPT-3 pueden generar contenido textual a partir de datos, creando artículos, resúmenes y respuestas a preguntas. Estas herramientas son útiles en la creación de contenido automatizado y en la personalización de experiencias de usuario.

▶ **Reconocimiento de entidades:** identificación de nombres de personas, lugares, fechas y otras entidades en un texto. Esta técnica se utiliza en aplicaciones como la extracción de información y la minería de textos.

El PLN tiene múltiples aplicaciones prácticas que mejoran la interacción entre humanos y máquinas:

▶ **Atención al cliente:** los chatbots utilizan PLN para comprender y responder preguntas de los usuarios, mejorando la eficiencia del servicio al cliente. Empresas como Amazon y bancos utilizan chatbots para manejar consultas comunes, lo que reduce la carga de trabajo del personal y proporciona respuestas rápidas a los clientes.

▶ **Traducción automática:** sistemas de traducción como Google Translate utilizan PLN para traducir texto de un idioma a otro en tiempo real, facilitando la comunicación entre personas que hablan diferentes idiomas. Estos sistemas son capaces de manejar variaciones y matices del lenguaje, proporcionando traducciones precisas y útiles.

▶ **Asistentes personales:** asistentes virtuales como Alexa y Google Assistant utilizan PLN para interpretar comandos de voz y realizar tareas como reproducir música, controlar dispositivos domésticos inteligentes y proporcionar información en tiempo real.

1.2.4 Hibridación de técnicas

La hibridación de técnicas en IA consiste en combinar diferentes enfoques para mejorar los resultados.

La integración de diferentes técnicas de IA puede producir sistemas más robustos y eficientes, por ejemplo:

▸ **Machine Learning + Deep Learning:** la combinación de estos enfoques se utiliza para tareas que requieren un análisis detallado de datos complejos. Por ejemplo, un sistema de recomendación puede utilizar Machine Learning para analizar el historial del usuario y Deep Learning para procesar contenido multimedia, proporcionando recomendaciones más precisas y personalizadas.

▸ **PLN + Visión por ordenador:** la integración de estas técnicas se aplica en aplicaciones como la descripción automática de imágenes, donde el sistema analiza la imagen y genera una descripción en lenguaje natural. Esto es útil en aplicaciones como la accesibilidad para personas con discapacidad visual y la gestión de contenido multimedia.

ⓘ Ejemplo

A continuación, se presentan algunos ejemplos prácticos de cómo se utilizan técnicas híbridas en proyectos reales:

Sistemas de recomendación: Combinan análisis de texto y clasificación de imágenes para sugerir productos relevantes a los usuarios. Por ejemplo, una tienda en línea puede recomendar ropa basada en las preferencias de estilo del usuario y las imágenes de productos similares. Estos sistemas mejoran la experiencia de compra y aumentan la satisfacción del cliente.

Asistentes virtuales: Utilizan técnicas de PLN y reconocimiento de voz para interactuar de manera más natural con los usuarios. Los asistentes pueden comprender comandos de voz y responder con información relevante, mejorando la interacción y la experiencia del usuario. Por ejemplo, un asistente virtual en un automóvil puede utilizar PLN para interpretar comandos de navegación y visión por ordenador para detectar señales de tráfico, proporcionando una experiencia de conducción más segura y eficiente.

1.3 ESPECIFICACIONES Y CONOCIMIENTOS SOBRE LAS TÉCNICAS DE IA

Para desarrollar aplicaciones efectivas de Inteligencia Artificial, es esencial entender el proceso de entrenamiento de modelos, la preparación de datos, y las diferencias entre soluciones locales y en la nube. En esta sección, se profundiza en estos aspectos, proporcionando una base sólida para la implementación de proyectos de IA.

1.3.1 El entrenamiento

El proceso de entrenamiento de modelos de IA es fundamental para su éxito y rendimiento.

El entrenamiento de modelos de IA implica varios pasos esenciales:

- **Recopilación de datos:** reunir un conjunto de datos amplio y representativo es el primer paso. Estos datos deben ser relevantes para la tarea que el modelo debe realizar. Por ejemplo, si se está desarrollando un modelo para detectar fraudes en transacciones bancarias, los datos deben incluir ejemplos de transacciones tanto legítimas como fraudulentas.

- **Preprocesamiento de datos:** limpiar y preparar los datos para su uso en el modelo. Esto incluye la eliminación de valores atípicos, la normalización de datos y la imputación de valores faltantes. Este paso asegura que los datos estén en un formato adecuado para el modelo.

- **División del conjunto de datos:** dividir los datos en conjuntos de entrenamiento, validación y prueba. El conjunto de entrenamiento se utiliza para ajustar los parámetros del modelo, el conjunto de validación se usa para ajustar hiperparámetros y prevenir el sobreajuste, y el conjunto de prueba se utiliza para evaluar el rendimiento final del modelo.

- **Entrenamiento del modelo:** utilizar los datos preprocesados para enseñar al modelo a realizar tareas específicas. El modelo ajusta sus parámetros internos para minimizar el error de predicción. Algoritmos como el descenso de gradiente y técnicas como el backpropagation son comunes en esta etapa.

▶ **Evaluación y ajuste:** probar el modelo con datos no vistos (conjunto de prueba) y ajustar los parámetros para mejorar su precisión. Esto puede incluir la validación cruzada y la optimización de hiperparámetros. La evaluación continua ayuda a identificar problemas como el sobreajuste o el subajuste y a ajustar el modelo en consecuencia.

Durante el proceso de entrenamiento, se deben tener en cuenta varios desafíos y consideraciones:

▶ **Sobreajuste (overfitting):** ocurre cuando un modelo está demasiado ajustado a los datos de entrenamiento y no generaliza bien a datos nuevos. Para prevenirlo, se pueden utilizar técnicas como la regularización, el dropout y la validación cruzada. El sobreajuste puede llevar a un rendimiento excepcional en el conjunto de entrenamiento pero pobre en el conjunto de prueba.

▶ **Subajuste (underfitting):** ocurre cuando un modelo no captura bien los patrones en los datos, generalmente debido a un modelo demasiado simple o a una cantidad insuficiente de datos de entrenamiento. Mejorar el modelo con características adicionales y aumentar la complejidad del modelo puede ayudar a solucionar este problema.

▶ **Selección de hiperparámetros:** ajustar parámetros que no se aprenden directamente del entrenamiento, como la tasa de aprendizaje y el número de capas en una red neuronal, es fundamental para optimizar el modelo. Técnicas como la búsqueda en cuadrícula (grid search) y la búsqueda aleatoria (random search) son comunes para este propósito.

ⓘ **Saber más...**

La validación cruzada es una técnica que ayuda a evaluar el rendimiento de un modelo de manera más robusta. Consiste en dividir los datos en varias partes (llamadas pliegues) y entrenar el modelo varias veces con diferentes divisiones. Esto proporciona una estimación más precisa de la capacidad del modelo para generalizar a datos no vistos. Un método común es la validación cruzada k-fold, donde los datos se dividen en k pliegues y el modelo se entrena y evalúa k veces.

1.3.2 Preparación de los datos

La calidad y la cantidad de los datos son fundamentales para el éxito de los modelos de aprendizaje automático. Los datos precisos y relevantes son esenciales porque influyen directamente en la precisión y utilidad del modelo. Si los datos están sucios o son incorrectos, el modelo puede generar conclusiones erróneas y tener un mal rendimiento.

Por otro lado, tener una gran cantidad de datos también puede mejorar el rendimiento del modelo, siempre y cuando esos datos sean pertinentes y de buena calidad. Sin embargo, es importante encontrar un equilibrio entre el volumen y la calidad de los datos. Si se tiene un gran volumen de datos pero estos son irrelevantes, pueden ser contraproducentes y dificultar el desempeño del modelo en lugar de mejorarlo.

Para garantizar que los datos estén en un estado adecuado para el entrenamiento de modelos, se utilizan varias técnicas de preprocesamiento:

- **Eliminación de valores atípicos:** remover datos que no siguen el patrón general del conjunto, ya que pueden distorsionar el entrenamiento del modelo. Por ejemplo, en un conjunto de datos financieros, transacciones inusualmente grandes o pequeñas que no se ajustan a los patrones normales pueden eliminarse.

- **Normalización y estandarización:** ajustar los datos para que estén en una misma escala, lo que ayuda a mejorar el rendimiento del modelo. La normalización transforma los datos para que tengan un rango de valores entre 0 y 1, mientras que la estandarización ajusta los datos para que tengan una media de 0 y una desviación estándar de 1.

- **Imputación de valores faltantes:** rellenar los datos que faltan con valores apropiados, utilizando métodos como la imputación con la media, la mediana o valores más comunes. Esto asegura que el conjunto de datos esté completo y que los modelos puedan procesarlo sin errores.

- **Codificación de variables categóricas:** transformar variables categóricas en una forma que los algoritmos de Machine Learning puedan procesar. Esto incluye técnicas como la codificación one-hot y la codificación ordinal.

Ejemplo

Una empresa utiliza IA para predecir sus ventas futuras. El equipo de datos se asegura de limpiar el conjunto de datos, eliminando las entradas erróneas y normalizando los valores de las características clave como el precio y la cantidad vendida. Este preprocesamiento mejora significativamente la precisión del modelo predictivo.

1.3.3 Standalone y en cloud

Las soluciones de IA pueden implementarse localmente o en la nube, cada enfoque tiene sus propias ventajas y desventajas. A continuación, se explican las diferencias entre IA local y en la nube, y se destacan las ventajas y desventajas de cada enfoque.

Aspecto	IA local (Standalone)	IA en la nube
Diferencias.	Los datos y el procesamiento se manejan en servidores internos de la organización. Esto puede ofrecer mayor control sobre los datos y menor latencia en el procesamiento.	Los datos y el procesamiento se gestionan en servidores externos proporcionados por un proveedor de servicios en la nube. Esto ofrece mayor escalabilidad y accesibilidad desde cualquier lugar con conexión a Internet.
Ventajas.	• Mayor control sobre los datos. • Menor latencia. • Posible reducción de costos a largo plazo.	• Escalabilidad. • Accesibilidad desde cualquier lugar. • Menor coste inicial. • Servicios gestionados por el proveedor.
Desventajas	• Requiere inversión en infraestructura y mantenimiento. • Limitada capacidad de escalabilidad. • Puede ser más difícil gestionar la actualización y el mantenimiento del software.	• Dependencia del proveedor de servicios. • Posibles preocupaciones de seguridad y privacidad. • Costos recurrentes. • La latencia puede ser un problema en aplicaciones que requieren procesamiento en tiempo real.
Ejemplos.	**Local (Standalone):** una empresa financiera que maneja información extremadamente sensible prefiere tener todos sus datos en servidores internos para asegurar el control total sobre ellos.	**Nube:** una startup de tecnología puede escalar rápidamente sus operaciones usando servicios en la nube, permitiendo un crecimiento ágil sin preocuparse por la infraestructura física.

ⓘ **Saber más...**

Para tomar una decisión informada sobre la implementación de IA local o en la nube, se recomienda analizar casos de uso específicos y considerar factores como el presupuesto, la capacidad técnica del equipo y los requisitos de seguridad. Muchos proveedores de servicios en la nube, como AWS, Google Cloud y Azure, ofrecen recursos detallados y estudios de caso en sus sitios web. Además, asistir a conferencias y talleres sobre tecnologías en la nube puede proporcionar información valiosa y actualizada.

1.4 ÉTICA Y RESPONSABILIDAD EN LA IA

El uso de la Inteligencia Artificial conlleva una serie de consideraciones éticas y responsabilidades que deben abordarse para asegurar su implementación justa y segura. En esta sección, se explorarán las principales consideraciones éticas, el impacto social y legal de la IA, y la importancia de la transparencia y la responsabilidad en el desarrollo y uso de estas tecnologías.

1.4.1 Consideraciones éticas, impacto social, ético y legal en el entorno laboral

El desarrollo y la implementación de la Inteligencia Artificial plantean varios desafíos éticos que deben gestionarse cuidadosamente para evitar consecuencias negativas.

Para asegurar el desarrollo y uso responsable de la Inteligencia Artificial, se deben seguir varios principios éticos fundamentales:

▶ **Justicia:** es fundamental evitar cualquier forma de sesgo que pueda discriminar a individuos o grupos. Los desarrolladores deben esforzarse por identificar y mitigar los sesgos presentes en los datos y algoritmos. Esto es particularmente importante en aplicaciones sensibles como la justicia penal, el crédito financiero y la contratación laboral, donde las decisiones sesgadas pueden tener consecuencias graves y de largo alcance.

▸ **Transparencia:** los sistemas de IA deben ser comprensibles y auditables. Es vital que los usuarios y las partes interesadas puedan entender cómo y por qué un sistema toma ciertas decisiones. Esto implica disponer de documentación clara y detallada sobre el funcionamiento del modelo y sus decisiones, permitiendo una revisión y comprensión adecuada por parte de todos los involucrados.

▸ **Responsabilidad:** tanto los desarrolladores como los usuarios deben asumir la responsabilidad de las decisiones y acciones tomadas por los sistemas de IA. Esto implica garantizar que los sistemas sean seguros, no causen daño y cumplan con las regulaciones legales pertinentes. Además, deben existir mecanismos claros para la rendición de cuentas en caso de errores o uso indebido, asegurando que se puedan tomar medidas correctivas rápidamente.

El impacto de la Inteligencia Artificial en el empleo y la sociedad es significativo y multifacético. La automatización de tareas puede llevar a la reducción de ciertos puestos de trabajo, por lo que es esencial planificar y gestionar esta transición para minimizar el impacto negativo en los trabajadores. Esto puede incluir programas de reentrenamiento y reciclaje profesional para ayudar a los empleados a adquirir nuevas habilidades relevantes en la economía digital.

ⓘ **Ejemplo**

Una empresa de manufactura decide automatizar varias de sus líneas de producción utilizando sistemas de IA. Para gestionar el impacto en su fuerza laboral, implementa un programa de reentrenamiento que capacita a los empleados en nuevas habilidades técnicas, como el mantenimiento de sistemas automatizados y el análisis de datos. Este enfoque minimiza el impacto negativo del desplazamiento laboral y prepara a los empleados para roles más avanzados y con mayor valor añadido.

Si bien la IA puede eliminar algunos empleos, también crea nuevos roles y demanda nuevas habilidades. La formación y la educación continuas son clave para aprovechar estas oportunidades. Los nuevos roles pueden incluir analistas de datos, desarrolladores de IA, y gestores de proyectos tecnológicos, entre otros.

Además, la gestión de datos personales y sensibles es una preocupación importante en el uso de la IA. Las organizaciones deben implementar medidas de seguridad robustas y cumplir con las regulaciones de privacidad para proteger los datos de los usuarios. Esto incluye el cumplimiento de normativas como el GDPR en Europa, que regula la recolección y el uso de datos personales.

ⓘ Reflexión

Es fundamental reflexionar sobre cómo la Inteligencia Artificial está moldeando la sociedad. ¿Estamos preparados para los cambios que trae consigo la automatización? ¿Qué medidas estamos tomando para asegurar una transición justa y equitativa? Estas preguntas deben guiar el desarrollo y la implementación de tecnologías de IA para garantizar que beneficien a la sociedad en su conjunto.

1.4.2 Transparencia y Responsabilidad

La transparencia y la responsabilidad son esenciales para ganar y mantener la confianza en los sistemas de Inteligencia Artificial (IA). La importancia de la transparencia en los modelos de IA y la responsabilidad de los desarrolladores y usuarios se destaca en varios aspectos clave.

La transparencia en los modelos de IA es vital para asegurar que los usuarios comprendan y confíen en los sistemas que utilizan. Un aspecto importante es la explicabilidad, que permite a los usuarios entender cómo y por qué un sistema de IA toma ciertas decisiones. Esto es especialmente relevante en aplicaciones críticas como la atención médica, donde las decisiones basadas en IA pueden tener consecuencias significativas para la salud y el bienestar de las personas. Por ejemplo, en un hospital, la capacidad de los profesionales de la salud para revisar y verificar las recomendaciones del sistema de IA es esencial para garantizar un diagnóstico y tratamiento adecuados.

Otro aspecto relevante es la auditoría, que se refiere a la capacidad de revisar y verificar el funcionamiento y los resultados del sistema de IA. Esto incluye la posibilidad de realizar auditorías externas independientes para evaluar la equidad, precisión y seguridad del sistema. Por ejemplo, una empresa que utiliza IA para decisiones de crédito financiero debe someter sus modelos a auditorías regulares para asegurar que no haya sesgos que perjudiquen a ciertos grupos de personas y que el sistema opere de manera justa y efectiva.

Tanto los desarrolladores como los usuarios de sistemas de IA tienen responsabilidades importantes para garantizar el uso ético y seguro de la tecnología. Los desarrolladores deben diseñar sistemas que minimicen los riesgos y maximicen los beneficios. Esto incluye realizar pruebas exhaustivas para identificar posibles fallos antes de que el sistema se implemente en el entorno real. Además, deben monitorear continuamente el rendimiento del sistema y actualizar los modelos regularmente para reflejar cambios en los datos y el contexto. Por ejemplo, un equipo de desarrollo de una plataforma de contratación laboral basada en IA debe incluir diversos perfiles en su equipo para reducir el sesgo en el diseño y la evaluación de los algoritmos.

Los usuarios deben utilizar la tecnología de manera ética y conforme a las regulaciones legales. Es fundamental que los usuarios estén al tanto de los posibles impactos de la IA y tomen medidas para mitigar cualquier efecto negativo. Esto incluye la formación continua en el uso de tecnologías de IA y la implementación de políticas claras sobre el uso de datos y la toma de decisiones automatizadas. Por ejemplo, una empresa que utiliza IA para la toma de decisiones de recursos humanos debe formar a su personal en la interpretación de las recomendaciones de la IA y en la importancia de verificar estas decisiones para evitar discriminaciones.

Un ejemplo práctico de cómo estas consideraciones pueden implementarse es el establecimiento de un código de ética en una empresa tecnológica. Una empresa de desarrollo de software podría establecer un código de ética para guiar a sus equipos en el diseño y uso de sistemas de IA. Este código incluiría principios de transparencia, justicia y responsabilidad. Para asegurar que todos los empleados comprendan y apliquen estos principios en su trabajo diario, la empresa podría realizar talleres y sesiones de formación. Además, podría establecer un comité de ética que revise regularmente los proyectos de IA para asegurar el cumplimiento con el código de ética y las regulaciones legales. Por ejemplo, el comité podría evaluar un nuevo proyecto de IA para el reconocimiento facial, asegurando que cumple con los estándares de privacidad y no discrimina a ningún grupo demográfico.

> ### ⓘ Nota
>
> Implementar estos principios de transparencia y responsabilidad en los sistemas de IA fortalece la confianza de los usuarios y garantiza que la tecnología se utilice de manera ética y segura, promoviendo beneficios significativos mientras se mitigan los posibles efectos negativos.

PRUEBA DE AUTOEVALUACIÓN

Preguntas tipo test

1. *¿En qué década se introdujo el concepto de "máquina universal" y el "Test de Turing"?*

   a) *Década de 1950*

   b) *Década de 1960*

   c) *Década de 1980*

2. *¿Quién creó ELIZA, uno de los primeros programas de procesamiento de lenguaje natural?*

   a) *Alan Turing*

   b) *Joseph Weizenbaum*

   c) *Garry Kasparov*

3. *¿Cuál fue un hito significativo en la década de 1990 para la Inteligencia Artificial?*

   a) *Creación de ELIZA*

   b) *Victoria de Deep Blue sobre Garry Kasparov*

   c) *Desarrollo de redes neuronales profundas*

4. *¿Qué tecnología impulsa el desarrollo de vehículos autónomos?*

   a) *Machine Learning*

   b) *IA en tiempo real*

   c) *Desarrollo de tecnologías autónomas*

5. *¿Qué aplicación de la IA se utiliza para el análisis de riesgo crediticio?*

   a) *Trading algorítmico*

   b) *Análisis de riesgo*

   c) *Chatbots financieros*

6. *¿Qué técnica de Machine Learning se basa en aprender a partir de datos etiquetados?*

   a) *Aprendizaje no supervisado*

   b) *Aprendizaje supervisado*

   c) *Aprendizaje por refuerzo*

7. *¿Qué algoritmo se utiliza para tareas complejas como el reconocimiento de imágenes?*

   a) *Regresión lineal*

   b) *Árboles de decisión*

   c) *Redes neuronales*

8. *¿Qué técnica de Procesamiento de Lenguaje Natural evalúa textos para determinar el sentimiento expresado?*

   a) *Generación de texto*

   b) *Reconocimiento de entidades*

   c) *Análisis de sentimiento*

9. *¿Cuál es una ventaja de implementar soluciones de IA en la nube?*

   a) *Mayor control sobre los datos*

   b) *Escalabilidad*

   c) *Menor latencia*

10. *¿Qué principio ético es fundamental para asegurar la equidad en los sistemas de IA?*

   a) *Responsabilidad*

   b) *Transparencia*

   c) *Justicia*

Frases con un hueco para una palabra

1. *La _____ artificial ha transformado diversas industrias, incluyendo la salud y las finanzas.*

2. *ELIZA fue uno de los primeros programas de procesamiento de _____ natural.*

3. *El aprendizaje por _____ optimiza sus acciones para maximizar una recompensa a largo plazo.*

4. *Los sistemas de tutoría _____ adaptan el contenido educativo al ritmo de aprendizaje de cada estudiante.*

5. *La transparencia y la _____ son esenciales para ganar y mantener la confianza en los sistemas de IA.*

Preguntas cortas de desarrollo

1. *Describe brevemente la evolución histórica de la Inteligencia Artificial desde la década de 1950 hasta el siglo XXI.*

2. *Explica cómo los avances en el aprendizaje profundo (Deep Learning) han influido en el desarrollo de aplicaciones prácticas.*

3. *Analiza el impacto de la IA en el sector de la salud, mencionando al menos dos aplicaciones específicas.*

4. *Discute las ventajas y desventajas de implementar soluciones de IA en la nube frente a soluciones locales.*

5. *Reflexiona sobre los desafíos éticos relacionados con el uso de la Inteligencia Artificial en la toma de decisiones empresariales.*

RESPUESTAS

Preguntas tipo test

1. *a) Década de 1950*

2. *b) Joseph Weizenbaum*

3. *b) Victoria de Deep Blue sobre Garry Kasparov*

4. *c) Desarrollo de tecnologías autónomas*

5. *b) Análisis de riesgo*

6. *b) Aprendizaje supervisado*

7. *c) Redes neuronales*

8. *c) Análisis de sentimiento*

9. *b) Escalabilidad*

10. *c) Justicia*

Frases con hueco

1. *inteligencia*

2. *lenguaje*

3. *refuerzo*

4. *inteligente*

5. *responsabilidad*

Preguntas cortas de desarrollo

1. **Describe brevemente la evolución histórica de la Inteligencia Artificial desde la década de 1950 hasta el siglo XXI.**

   La Inteligencia Artificial (IA) ha evolucionado significativamente desde sus inicios en la década de 1950. En los años 50, Alan Turing introdujo el concepto de "máquina universal" y el "Test de Turing", y en 1956 se celebró la conferencia de Dartmouth donde se utilizó por primera vez el término "Inteligencia Artificial". Durante las décadas de 1960 y 1970, se desarrollaron los primeros sistemas expertos y avances en la programación lógica, destacando la creación de ELIZA por Joseph Weizenbaum. En los años 80, la investigación en redes neuronales resurgió con avances en el aprendizaje supervisado y no supervisado. La década de 1990 vio la popularización de la IA con hitos como la victoria de Deep Blue sobre Garry Kasparov en 1997. En el siglo XXI, los avances en aprendizaje profundo (Deep Learning) y el aprendizaje automático (Machine Learning), junto con el desarrollo de Big Data y la mejora del poder de procesamiento, han permitido aplicaciones más complejas y precisas, desde asistentes virtuales hasta vehículos autónomos.

2. Explica cómo los avances en el aprendizaje profundo (Deep Learning) han influido en el desarrollo de aplicaciones prácticas.

Los avances en el aprendizaje profundo (Deep Learning) han revolucionado la IA, permitiendo el procesamiento y análisis de grandes volúmenes de datos con una precisión sin precedentes. Las redes neuronales profundas facilitan el reconocimiento de patrones complejos en datos como imágenes y textos. Esto ha impulsado aplicaciones en visión por ordenador, como el reconocimiento de objetos y rostros, y en procesamiento de lenguaje natural, como la traducción automática y los asistentes virtuales. Además, el Deep Learning ha sido fundamental para el desarrollo de tecnologías autónomas, como los vehículos autónomos, y en la mejora de sistemas de recomendación utilizados en plataformas de streaming y comercio electrónico.

3. Analiza el impacto de la IA en el sector de la salud, mencionando al menos dos aplicaciones específicas.

La IA ha tenido un impacto significativo en el sector de la salud, mejorando tanto el diagnóstico como el tratamiento de enfermedades. Una aplicación destacada es el diagnóstico médico asistido por IA, donde algoritmos analizan imágenes médicas, como radiografías y resonancias magnéticas, para detectar enfermedades con precisión comparable a la de los radiólogos expertos. Otro ejemplo es la medicina personalizada, donde la IA analiza datos genéticos y médicos del paciente para desarrollar tratamientos específicos, aumentando la eficacia y reduciendo los efectos secundarios. Además, la telemedicina utiliza IA para facilitar consultas médicas a distancia y recomendar tratamientos basados en síntomas.

4. Discute las ventajas y desventajas de implementar soluciones de IA en la nube frente a soluciones locales.

Implementar soluciones de IA en la nube ofrece ventajas como la escalabilidad y accesibilidad desde cualquier lugar con conexión a Internet. Los proveedores de servicios en la nube gestionan la infraestructura, lo que reduce la necesidad de inversión inicial y mantenimiento. Sin embargo, depende de la fiabilidad del proveedor y puede haber preocupaciones sobre la seguridad y privacidad de los datos. Por otro lado, las soluciones locales (standalone) proporcionan mayor control sobre los datos y menor latencia en el procesamiento, lo que puede ser esencial para aplicaciones en tiempo real. Sin embargo, requieren una inversión significativa en infraestructura y recursos para mantenimiento y actualización.

5. Reflexiona sobre los desafíos éticos relacionados con el uso de la Inteligencia Artificial en la toma de decisiones empresariales.

El uso de la Inteligencia Artificial en la toma de decisiones empresariales plantea varios desafíos éticos. Uno de los principales es la transparencia, ya que es esencial que los sistemas de IA sean comprensibles y auditables para asegurar decisiones justas y responsables. Además, es esencial evitar sesgos en los algoritmos que puedan discriminar a individuos o grupos, lo que requiere una revisión continua de los datos y modelos utilizados. La responsabilidad también es un desafío importante, ya que los desarrolladores y usuarios deben ser responsables de las decisiones y acciones tomadas por los sistemas de IA, asegurándose de que no causen daño y cumplan con las regulaciones legales. La privacidad de los datos es otra preocupación, ya que la gestión de datos personales y sensibles debe cumplir con normativas estrictas para proteger a los usuarios.

2

CREACIÓN DE TEXTO E IMÁGENES

2.1 UTILIZACIÓN DE CHATGTP O SIMILAR

La Inteligencia Artificial ha revolucionado la forma en que interactuamos con las máquinas, y ChatGPT es un ejemplo destacado de esta transformación. Este modelo avanzado de procesamiento de lenguaje natural permite la generación de textos coherentes y relevantes, facilitando una comunicación más eficiente y efectiva en una amplia gama de aplicaciones. A continuación, se explorarán sus funcionalidades, características principales y su impacto en diferentes sectores.

ChatGPT fue creado por OpenAI, una organización líder en investigación de Inteligencia Artificial. Desde su lanzamiento, ha experimentado varias actualizaciones y mejoras que han ampliado sus capacidades y aplicaciones.

2.1.1 Introducción a ChatGTP

La utilización de ChatGTP representa un avance significativo en la interacción con modelos de lenguaje artificiales. Su versatilidad y adaptabilidad son dos de sus características más destacadas, lo que lo convierte en una herramienta poderosa para múltiples aplicaciones.

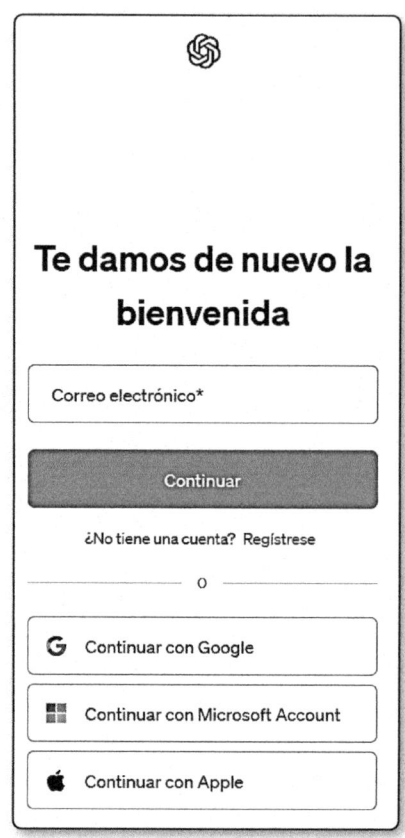

Fuente: página de inicio de sesión de OpenAI (captura de pantalla).

Para crear una cuenta en OpenAI, sigue estos pasos:

1. Abre tu navegador y dirígete a la página de inicio de sesión de OpenAI.

2. En el campo de correo electrónico, ingresa tu dirección de correo electrónico y haz clic en "Continuar".

3. Si no tienes una cuenta, haz clic en el enlace "Regístrese".

4. Puedes elegir registrarte con una cuenta de Google, Microsoft, o Apple haciendo clic en el botón correspondiente.

5. Alternativamente, puedes continuar con el registro utilizando tu correo electrónico.

6. Sigue las instrucciones para completar el proceso de registro, que puede incluir crear una contraseña y verificar tu correo electrónico.

7. Revisa tu bandeja de entrada para encontrar un correo electrónico de verificación de OpenAI. Haz clic en el enlace de verificación proporcionado.

8. Una vez verificado tu correo electrónico, regresa a la página de inicio de OpenAI e inicia sesión con tu correo electrónico y contraseña.

ChatGTP destaca en su capacidad para generar texto coherente y relevante a partir de una entrada dada. Esta capacidad se traduce en la posibilidad de producir respuestas que no solo son contextualmente apropiadas, sino también lingüísticamente correctas y estilísticamente adecuadas. Esto es particularmente útil en aplicaciones de atención al cliente, donde es esencial ofrecer respuestas rápidas y precisas. Además, en el ámbito de la creación de contenido, ChatGTP puede redactar artículos, blogs, guiones y otros tipos de textos con una calidad comparable a la humana.

Otra capacidad importante de ChatGTP es su habilidad para mantener el contexto de una conversación a lo largo de múltiples intercambios. Esto permite interacciones más fluidas y naturales, similares a las que se tendrían con un ser humano. En el contexto de los chatbots y asistentes virtuales, esta característica es esencial para ofrecer una experiencia de usuario satisfactoria. Por ejemplo, si un usuario hace varias preguntas relacionadas con un mismo tema, ChatGTP puede recordar la información proporcionada anteriormente y utilizarla para proporcionar respuestas más relevantes y precisas.

La versatilidad de ChatGTP lo hace aplicable en una amplia gama de sectores. Desde el marketing y la publicidad hasta la educación y el entretenimiento, sus aplicaciones son numerosas y variadas. En el marketing, por ejemplo, puede generar textos publicitarios persuasivos, descripciones de productos y contenido para redes sociales. En educación, puede crear materiales didácticos personalizados, responder preguntas de estudiantes y generar resúmenes de textos educativos. En entretenimiento, puede escribir guiones para juegos, películas y series, así como generar contenido interactivo para aplicaciones y plataformas digitales.

ChatGTP permite la personalización según las necesidades específicas del usuario o del negocio. Esto incluye la posibilidad de ajustar el tono, el estilo y la complejidad del lenguaje generado. Los desarrolladores pueden entrenar el modelo adicionalmente con datos específicos de su industria para mejorar la relevancia y precisión de las respuestas. Por ejemplo, un negocio en el sector de la salud puede entrenar a ChatGTP con información médica para que pueda proporcionar respuestas precisas y detalladas sobre temas relacionados con la salud y el bienestar.

Además, ChatGTP ofrece herramientas de integración que permiten su incorporación en diversas plataformas y aplicaciones. Esto facilita su uso en sitios web, aplicaciones móviles, sistemas de gestión de relaciones con clientes (CRM) y otros entornos digitales. La capacidad de integrarse con otras herramientas y sistemas amplía aún más las posibilidades de uso de ChatGTP, haciendo que sea una opción flexible y adaptable para una amplia gama de aplicaciones y entornos.

Fuente: página web de ChatGPT (captura de pantalla).

La imagen proporcionada muestra la interfaz de la página web de ChatGPT, específicamente en la sección donde se selecciona el modelo de Inteligencia Artificial para las interacciones. A continuación, se explica cada componente visible en la imagen:

Selector de modelo:

- ▶ **GPT-4o:** indicado como "Lo mejor para las tareas complejas", es el modelo seleccionado en esta imagen. Este modelo está optimizado para manejar tareas más complicadas y proporcionar respuestas detalladas y precisas.

- ▶ **GPT-4O:** mini: descrito como "Más rápido para las tareas cotidianas", este modelo está diseñado para ofrecer respuestas rápidas para interacciones más simples y frecuentes.

- ▶ **GPT-4:** marcado como "Modelo heredado", es una versión anterior del modelo de Inteligencia Artificial que todavía está disponible para su uso.

Chat temporal:

- ▶ Hay un interruptor etiquetado como "Chat temporal". Este posiblemente permite activar o desactivar una función que permite conversaciones temporales, aunque no está activado en esta imagen.

Acciones rápidas:

- ▶ Bajo el selector de modelo, hay varias tarjetas con acciones rápidas, que incluyen:

- ▶ Explícame los superconductores: posiblemente un comando para pedir una explicación sobre superconductores.

- ▶ Dale las gracias a mi entrevistador: un comando para generar un mensaje de agradecimiento.

- ▶ Actividades para hacer amistades: un comando para obtener sugerencias de actividades para socializar.

- ▶ Conjunto que me sienta bien: probablemente un comando para pedir recomendaciones sobre conjuntos de ropa.

Campo de entrada de mensaje:

▶ En la parte inferior de la pantalla, hay un campo de entrada donde los usuarios pueden escribir sus mensajes o preguntas para interactuar con el modelo ChatGPT.

Enlace a adjuntar archivos:

▶ A la izquierda del campo de entrada, hay un icono de clip que permite adjuntar archivos a la conversación.

Indicadores de advertencia:

▶ Debajo del campo de entrada, hay una nota que dice "ChatGPT puede cometer errores. Considera verificar la información importante." Esto sirve como advertencia de que las respuestas proporcionadas por el modelo pueden no ser siempre precisas y deben verificarse.

La historia de los modelos de lenguaje ha sido un viaje fascinante desde los primeros sistemas basados en reglas hasta los avanzados modelos basados en transformadores como ChatGTP.

▶ **Primeras etapas: modelos basados en reglas**

En los años 50 y 60, los primeros intentos de procesamiento de lenguaje natural se basaban en reglas predefinidas y estructuras gramaticales. Estos sistemas eran limitados y carecían de la capacidad de aprender y adaptarse a nuevos datos. Un ejemplo notable de esta época es ELIZA, un programa que simulaba una conversación con un psicoterapeuta. Aunque innovador para su tiempo, ELIZA estaba limitado a respuestas preprogramadas y no podía comprender realmente el contexto o el significado de las palabras.

▶ **Avances en aprendizaje automático**

En la década de 1980, el desarrollo de técnicas de aprendizaje automático permitió a los modelos aprender patrones a partir de datos, en lugar de depender exclusivamente de reglas predefinidas. Este cambio fue fundamental para mejorar la capacidad de los modelos para manejar variaciones en el lenguaje. Modelos como los Hidden Markov Models (HMM) se utilizaron ampliamente en tareas como el reconocimiento de voz. Estos modelos podían aprender probabilidades de transiciones entre estados y palabras, lo que les permitía reconocer y generar lenguaje de manera más efectiva.

▶ La revolución de los transformadores

En 2017, la introducción de la arquitectura de transformadores, presentada por Vaswani et al., revolucionó el campo del procesamiento de lenguaje natural. Esta arquitectura permite un procesamiento más eficiente y preciso de grandes volúmenes de datos textuales. Modelos como BERT y GPT-2, basados en esta arquitectura, demostraron capacidades avanzadas en comprensión y generación de texto. La arquitectura de transformadores utiliza mecanismos de atención que permiten al modelo enfocarse en diferentes partes del texto de entrada de manera más efectiva, mejorando tanto la precisión como la coherencia de las respuestas generadas.

▶ La era de GPT-3 y más allá

El lanzamiento de GPT-3 por OpenAI marcó un hito significativo en la evolución de los modelos de lenguaje. Con 175 mil millones de parámetros, GPT-3 es capaz de comprender y generar texto con una precisión y coherencia sin precedentes. Este modelo ha encontrado aplicaciones en una amplia gama de áreas, desde la asistencia virtual hasta la creación de contenido automatizado. GPT-3 representa un avance significativo en términos de la capacidad de los modelos de lenguaje para generar texto que es indistinguible del escrito por humanos, abriendo nuevas posibilidades para su uso en diversas industrias.

2.1.2 Ingeniería de prompts

La ingeniería de prompts se refiere al arte y la ciencia de formular entradas (o "prompts") para obtener respuestas deseadas de modelos de lenguaje. El objetivo es maximizar la claridad, precisión y relevancia de las respuestas generadas por la IA. Esto es esencial en aplicaciones que van desde la atención al cliente hasta la generación de contenido, donde la calidad de la interacción puede tener un impacto significativo. Un prompt bien diseñado puede significar la diferencia entre una respuesta precisa y útil y una que no cumpla con las expectativas.

La interacción con modelos de lenguaje como ChatGPT depende en gran medida de cómo se formulen las preguntas o solicitudes. Un prompt mal diseñado puede llevar a respuestas ambiguas, irrelevantes o incorrectas, mientras que un prompt bien elaborado puede guiar al modelo hacia una respuesta precisa y útil. La ingeniería de prompts permite a los usuarios controlar y dirigir mejor el comportamiento del modelo, asegurando que las respuestas se alineen con sus necesidades y expectativas.

A continuación, se exponen algunas técnicas para mejorar la interacción con modelos de lenguaje:

▶ Uso de lenguaje claro y directo

Es fundamental utilizar un lenguaje claro y directo al formular prompts. Evitar ambigüedades y jerga innecesaria puede ayudar a que el modelo entienda mejor la solicitud.

Por ejemplo, en lugar de preguntar "¿Qué piensas sobre X?", es más efectivo preguntar "¿Cuáles son los beneficios de X en Y contexto?".

▶ Desglose de preguntas complejas

Cuando se enfrentan preguntas complejas, dividirlas en partes más pequeñas y manejables puede mejorar la precisión de las respuestas.

Por ejemplo, en lugar de preguntar "¿Cómo puedo mejorar la eficiencia de mi empresa?", se puede desglosar en "¿Cuáles son algunas estrategias para mejorar la eficiencia operativa?" y "¿Cómo puedo optimizar la gestión del tiempo de mis empleados?".

▶ Especificación de contexto y detalles

Proporcionar contexto y detalles específicos puede ayudar a guiar al modelo hacia respuestas más precisas.

Por ejemplo, "Explícame la teoría de la relatividad en términos simples para un estudiante de secundaria" es más específico que simplemente "Explícame la teoría de la relatividad".

▼ **Incluir ejemplos claros**

Incluir ejemplos claros en el prompt puede ayudar a guiar al modelo hacia la respuesta deseada.

Por ejemplo, si se desea que el modelo genere una lista de tareas, un prompt efectivo podría ser "Haz una lista de tareas para preparar una presentación, como en el siguiente ejemplo: 1. Investigar el tema, 2. Crear un esquema, 3. Diseñar las diapositivas".

▼ **Formatos estructurados para respuestas**

Solicitar respuestas en formatos estructurados puede mejorar la claridad y utilidad de las respuestas.

Por ejemplo, "Proporciona una lista de pros y contras sobre el teletrabajo" o "Resume el artículo en tres párrafos principales". Estos formatos ayudan a que las respuestas sean más fáciles de leer y aplicar.

▼ **Uso de plantillas y marcos de trabajo**

Utilizar plantillas o marcos de trabajo específicos puede ayudar a estructurar mejor los prompts y las respuestas.

Por ejemplo, al solicitar un análisis SWOT (Fortalezas, Debilidades, Oportunidades, Amenazas), un prompt efectivo podría ser "Realiza un análisis SWOT de mi empresa, detallando cada una de las siguientes áreas: Fortalezas, Debilidades, Oportunidades y Amenazas".

La ingeniería de prompts a menudo implica un proceso de prueba y error, donde los prompts se ajustan y refinan en función de las respuestas recibidas. Probar diferentes formulaciones y analizar las respuestas puede ayudar a identificar qué funciona mejor. Por ejemplo, si una respuesta inicial es demasiado vaga, se puede ajustar el prompt para incluir más detalles específicos.

Recibir y analizar retroalimentación sobre las respuestas generadas puede ser una valiosa fuente de información para ajustar los prompts. Por ejemplo, si un prompt genera respuestas repetitivas o irrelevantes, la retroalimentación puede guiar ajustes para mejorar la precisión y relevancia de las respuestas futuras.

La iteración continua de los prompts, ajustándolos ligeramente cada vez, puede llevar a una mejora gradual y significativa en la calidad de las respuestas. Por ejemplo, ajustar los adjetivos utilizados, cambiar el orden de las preguntas, o añadir información contextual adicional.

Los prompts pueden incluir instrucciones más complejas para guiar mejor al modelo. Por ejemplo, en lugar de un simple "Explícame cómo funciona el motor de un coche", un prompt más avanzado podría ser "Explícame cómo funciona el motor de un coche, incluyendo los componentes principales como el pistón, el cigüeñal y la válvula, y cómo interactúan entre sí".

Los prompts multietapa implican formular una serie de preguntas interrelacionadas para guiar al modelo a través de un proceso de pensamiento más complejo. Por ejemplo, "Primero, descríbeme los principales desafíos en la gestión de proyectos. Luego, explora soluciones efectivas para esos desafíos. Finalmente, proporciona ejemplos de empresas que han implementado estas soluciones con éxito".

Formular prompts que incorporen condiciones específicas o escenarios puede mejorar la relevancia de las respuestas. Por ejemplo, "Describa las estrategias de marketing digital efectivas para una startup tecnológica en un mercado competitivo" es más específico y dirigido que simplemente "Describa estrategias de marketing digital".

A continuación, se exponen algunos ejemplos prácticos de prompts efectivos:

Atención al cliente

▸ **Ejemplo 1:** solución de problemas técnicos

- *Prompt ineficiente:* "mi internet no funciona. ¿Qué hago?"

- *Prompt eficiente:* "mi internet ha dejado de funcionar. Ya he intentado reiniciar el router y verificar las conexiones. ¿Qué otros pasos puedo seguir para solucionar este problema?"

El segundo prompt proporciona contexto y detalles específicos, lo que permite una respuesta más precisa y útil.

▸ **Ejemplo 2:** información sobre productos

- *Prompt ineficiente:* "¿Qué opciones tengo para mí coche?"

- *Prompt eficiente:* "Estoy buscando un coche nuevo con características avanzadas de seguridad y buen rendimiento de combustible. ¿Qué modelos me recomendarías y por qué?"

El segundo prompt especifica las características deseadas y el contexto, lo que facilita una recomendación más adecuada.

Generación de contenido

▸ **Ejemplo 1:** artículos de blog

- *Prompt ineficiente:* "Escribe un artículo sobre marketing."

- *Prompt eficiente:* "Escribe un artículo de 800 palabras sobre estrategias de marketing digital para pequeñas empresas, enfocándote en redes sociales y marketing de contenido. Incluye ejemplos de empresas exitosas."

El segundo prompt define claramente la longitud, el tema específico y el enfoque, lo que resulta en un artículo más dirigido y útil.

▸ **Ejemplo 2:** descripciones de productos

- *Prompt ineficiente:* "Describe este producto."

- *Prompt eficiente:* "Escribe una descripción de 200 palabras para una nueva línea de zapatillas deportivas, destacando su comodidad, diseño ergonómico y materiales sostenibles."

El segundo prompt especifica la longitud, el tipo de producto y las características a destacar, proporcionando una descripción más detallada y efectiva.

Educación y capacitación

▶ **Ejemplo 1:** explicaciones de conceptos

- *Prompt ineficiente:* "Explícame la fotosíntesis."

- *Prompt eficiente:* "Explícame el proceso de la fotosíntesis en plantas, incluyendo los roles de la luz solar, el dióxido de carbono y el agua, y cómo se produce el oxígeno como subproducto. Hazlo de manera que sea comprensible para un estudiante de secundaria."

El segundo prompt proporciona un contexto educativo y especifica los elementos clave a incluir en la explicación.

▶ **Ejemplo 2:** preparación de exámenes

- *Prompt ineficiente:* "Ayúdame a estudiar para mi examen de matemáticas."

- *Prompt eficiente:* "Estoy estudiando para un examen de matemáticas de nivel universitario sobre álgebra lineal. Necesito problemas de práctica sobre matrices y determinantes, así como una breve explicación de los conceptos."

El segundo prompt detalla el nivel de estudio, los temas específicos y el tipo de ayuda requerida, facilitando una respuesta más útil.

Los prompts bien diseñados pueden mejorar notablemente la capacidad de los sistemas de IA para resolver problemas de atención al cliente de manera eficiente. Por ejemplo, un prompt que incluya detalles específicos sobre el problema del cliente y las acciones ya tomadas puede guiar al modelo a proporcionar una solución más precisa y rápida. Además, personalizar la interacción con los clientes puede aumentar la satisfacción y la lealtad. Prompts que soliciten detalles sobre las preferencias y necesidades del cliente permiten que el modelo genere respuestas personalizadas y relevantes, mejorando la experiencia del cliente.

Por otra parte, generar contenido atractivo es fundamental para un marketing efectivo. Prompts que especifiquen el objetivo, el público y el formato del contenido pueden guiar al modelo a producir material que capte la atención del público objetivo y cumpla con los objetivos de marketing. Asimismo, los prompts también pueden utilizarse para generar ideas y estrategias de marketing innovadoras. Por ejemplo, solicitar al modelo que analice las tendencias actuales y proponga estrategias adaptadas a las necesidades de una empresa específica puede ayudar a optimizar las campañas de marketing.

De igual manera, prompts bien formulados pueden ayudar a crear descripciones de puestos claras y atractivas. Un prompt que detalle las responsabilidades, los requisitos y los beneficios del puesto puede guiar al modelo a generar una descripción completa y atractiva para los candidatos potenciales. Igualmente, los modelos de IA pueden automatizar partes del proceso de reclutamiento, como la revisión de currículums y la generación de preguntas para entrevistas. Prompts específicos pueden guiar al modelo a identificar y destacar las cualidades más relevantes de los candidatos, mejorando la eficiencia del proceso de selección.

Por otro lado, la generación de material educativo es otra aplicación importante de los modelos de IA. Prompts que especifiquen el nivel educativo, el tema y el formato del material pueden guiar al modelo a producir recursos educativos precisos y útiles para los estudiantes. Además, personalizar el aprendizaje puede mejorar significativamente los resultados educativos. Prompts que soliciten recursos específicos adaptados a las necesidades individuales de los estudiantes pueden ayudar a crear un plan de estudios personalizado que aborde las áreas donde el estudiante necesita más apoyo.

Además, los prompts pueden utilizarse para ayudar en la planificación de proyectos, generando listas de tareas, cronogramas y recursos necesarios. Prompts que detallen los objetivos del proyecto y los recursos disponibles pueden guiar al modelo a crear un plan de proyecto comprensivo y estructurado. Asimismo, la supervisión y evaluación de proyectos puede mejorarse mediante el uso de modelos de IA. Prompts que soliciten análisis de progreso y evaluación de riesgos pueden ayudar a identificar posibles problemas y ajustar el plan de proyecto en consecuencia, aumentando las probabilidades de éxito del proyecto.

2.1.3 Casos de uso para diferentes negocios o tareas

La integración de modelos de lenguaje como ChatGPT en diversos sectores empresariales y de servicio ofrece una amplia gama de aplicaciones que mejoran la eficiencia, la personalización y la productividad.

Fuente: página web de ChatGPT (captura de pantalla).

La imagen muestra la interfaz de la sección GPT de la página web de ChatGPT, donde los usuarios pueden descubrir y crear versiones personalizadas de ChatGPT que combinan instrucciones, conocimientos adicionales y habilidades específicas. A continuación, se describen los elementos principales visibles en la imagen:

- **Campo de búsqueda:**
  - Buscar GPT: campo donde los usuarios pueden ingresar términos de búsqueda para encontrar versiones personalizadas de ChatGPT.
- **Categorías de GPT:**
  - Selección: categoría activa que muestra las opciones destacadas.
  - Escritura, Productividad, Investigación y análisis, Educación, Estilo de vida, Programación: categorías adicionales que los usuarios pueden seleccionar para explorar diferentes tipos de GPT personalizados.
- **Sección destacado:**
  - Destacado: selección de los mejores favoritos de esta semana, mostrando diversas herramientas y asistente personalizados.

- Ejemplos de GPT destacados:

  - Website Generator: generador de sitios web que crea, diseña y escribe contenido para sitios web.

  - CK-12 Flexi: tutor de IA para matemáticas y ciencias diseñado para estudiantes de secundaria y preparatoria.

  - Wolfram: herramienta para acceder a cálculos, datos matemáticos y conocimiento en tiempo real de Wolfram|Alpha.

  - Python: asistente de Python que ayuda en todos los niveles de habilidades de programación en Python.

▶ **Botones de navegación:**

- Mis GPT: enlace para acceder a las versiones personalizadas de GPT creadas por el usuario.

- Crear: botón para comenzar a crear una nueva versión personalizada de ChatGPT.

A continuación, se explorarán casos de uso específicos en diferentes industrias y contextos laborales, demostrando cómo estos modelos pueden aprovecharse para tareas específicas. Se presentarán ejemplos prácticos detallados para ilustrar el potencial de estas herramientas.

Aplicaciones en atención al cliente

▶ **Automatización de respuestas:** uno de los usos más comunes de ChatGPT es la automatización de respuestas en servicios de atención al cliente. Las empresas pueden emplear la IA para manejar preguntas frecuentes, resolver problemas comunes y guiar a los clientes a través de procesos estándar. Por ejemplo, una compañía de telecomunicaciones podría utilizar ChatGPT para responder preguntas sobre facturación, solucionar problemas de conexión y guiar a los clientes a través de la configuración de nuevos dispositivos.

ⓘ **Ejemplo**

Un cliente contacta a una empresa de telecomunicaciones con un problema de conexión a Internet.

Prompt: "Hola, estoy teniendo problemas para conectar mi router a Internet. Ya intenté reiniciar el dispositivo y verificar los cables. ¿Qué más puedo hacer?"

Respuesta generada: "Entiendo su problema. Primero, asegúrese de que el router esté conectado correctamente al módem. Luego, verifique si hay algún problema con el servicio en su área consultando nuestra página de estado del servicio. Si el problema persiste, intente restablecer el router a la configuración de fábrica siguiendo estos pasos: [instrucciones detalladas]. Si necesita más ayuda, contáctenos directamente para asistencia técnica avanzada."

▶ **Personalización de la experiencia del cliente:** la personalización es clave para mejorar la satisfacción del cliente. ChatGPT puede analizar las interacciones anteriores y adaptar las respuestas para satisfacer las necesidades específicas del cliente. Por ejemplo, en un e-commerce, ChatGPT podría recomendar productos basados en las compras anteriores del cliente y sus preferencias.

ⓘ **Ejemplo**

Un cliente de una tienda en línea está buscando recomendaciones de productos.

Prompt: "Estoy buscando recomendaciones para comprar un regalo de cumpleaños para mi esposa. Le gusta la jardinería y los productos de belleza."

Respuesta generada: "¡Qué maravilloso regalo! Para una amante de la jardinería, le recomendaría nuestro kit de jardinería para principiantes que incluye herramientas esenciales y semillas. También, nuestros productos de belleza orgánicos han sido muy populares entre nuestros clientes. Aquí hay algunas opciones: [lista de productos con enlaces]."

Generación de contenido en marketing

▶ **Creación de publicaciones para redes sociales:** las redes sociales son una herramienta poderosa para el marketing. ChatGPT puede generar publicaciones atractivas y relevantes para diferentes plataformas, adaptándose al tono y estilo de cada red social. Esto incluye la creación de textos para Facebook, Twitter, Instagram, y LinkedIn, optimizados para captar la atención del público objetivo.

ⓘ **Ejemplo**

Una empresa de moda desea promover su nueva línea de ropa de verano en redes sociales.

Prompt: "Crea una publicación de Instagram para promocionar nuestra nueva línea de ropa de verano, destacando la comodidad y el estilo vibrante."

Respuesta generada: "¡Presentamos nuestra nueva colección de verano! ☼✦ Disfruta del verano con estilo y comodidad con nuestras prendas vibrantes y frescas. Desde vestidos ligeros hasta camisetas coloridas, tenemos todo lo que necesitas para lucir espectacular bajo el sol. ✿👗 #Verano2024 #EstiloDeVerano #ModaComoda"

▶ **Redacción de artículos de blog:** los blogs son esenciales para atraer tráfico a los sitios web y mejorar el SEO. ChatGPT puede generar artículos de blog informativos y atractivos sobre una variedad de temas, adaptándose al estilo y la voz de la marca. Esto incluye desde artículos técnicos hasta piezas más ligeras y entretenidas.

ⓘ **Ejemplo**

Un blog de tecnología quiere un artículo sobre las tendencias emergentes en Inteligencia Artificial.

Prompt: "Escribe un artículo de blog sobre las tendencias emergentes en Inteligencia Artificial para 2024, enfocándote en aplicaciones prácticas y casos de uso."

Respuesta generada: "La Inteligencia Artificial continúa transformando el mundo a un ritmo acelerado. En 2024, veremos varias tendencias emergentes que prometen cambiar diversas industrias. Una de las principales tendencias es la adopción de IA generativa para la creación de contenido, que está revolucionando sectores como el marketing y la educación. Otra tendencia importante es el uso de IA en el cuidado de la salud, mejorando diagnósticos y tratamientos personalizados. Además, el aprendizaje automático avanzado está siendo utilizado para optimizar cadenas de suministro y mejorar la eficiencia operativa en la manufactura. Estas innovaciones no solo están mejorando la productividad, sino que también están haciendo que la tecnología sea más accesible y efectiva para todos."

Aplicaciones en recursos humanos

▶ **Automatización del proceso de reclutamiento:** el proceso de reclutamiento puede ser largo y tedioso. ChatGPT puede agilizar este proceso automatizando tareas como la revisión de currículums, la programación de entrevistas y la generación de preguntas para entrevistas. Esto permite a los reclutadores centrarse en la evaluación cualitativa de los candidatos.

ⓘ **Ejemplo**

Un reclutador necesita generar preguntas para una entrevista de trabajo.

Prompt: "Genera una lista de preguntas para una entrevista de trabajo para el puesto de desarrollador de software, enfocándote en habilidades técnicas y experiencia en proyectos."

Respuesta generada: "Claro, aquí tienes una lista de preguntas para la entrevista: 1. ¿Puedes describir tu experiencia con el desarrollo de software en [lenguaje de programación específico]? 2. Háblame de un proyecto reciente en el que hayas trabajado. ¿Cuál fue tu papel y cómo abordaste los desafíos que surgieron? 3. ¿Cómo manejas el control de versiones y la colaboración en equipo en tus proyectos? 4. ¿Qué metodologías de desarrollo ágil has utilizado y cómo han mejorado tu flujo de trabajo? 5. ¿Puedes proporcionar un ejemplo de cómo has optimizado el rendimiento de una aplicación?"

▶ **Mejora del clima laboral:** el análisis de sentimientos en el lugar de trabajo puede ayudar a identificar problemas antes de que se conviertan en conflictos. ChatGPT puede analizar encuestas de empleados y proporcionar insights sobre el clima laboral, permitiendo a los gerentes tomar medidas proactivas para mejorar la moral y la satisfacción del equipo.

ⓘ **Ejemplo**

Un gerente desea entender mejor el clima laboral de su equipo.

Prompt: "Analiza las siguientes respuestas de una encuesta de empleados sobre la satisfacción laboral y proporciona un resumen de los principales problemas y sugerencias de mejora."

Respuesta generada: "Después de analizar las respuestas de la encuesta, se han identificado los siguientes problemas principales: 1. Falta de comunicación clara y frecuente entre el equipo y la gerencia. 2. Sentimiento de sobrecarga de trabajo y falta de equilibrio entre vida laboral y personal. 3. Necesidad de más oportunidades de desarrollo profesional y capacitación. Sugerencias de mejora incluyen: 1. Implementar reuniones regulares de actualización y feedback. 2. Revisar las cargas de trabajo y considerar la contratación de personal adicional o redistribución de tareas. 3. Crear un programa de desarrollo profesional que incluya talleres y cursos de capacitación."

Aplicaciones en la educación

▶ **Asistencia personalizada al estudiante:** la personalización del aprendizaje puede mejorar significativamente los resultados educativos. ChatGPT puede generar planes de estudio personalizados, responder preguntas de los estudiantes en tiempo real y proporcionar recursos educativos adaptados a las necesidades individuales.

ⓘ Ejemplo

Un estudiante necesita ayuda para prepararse para un examen de matemáticas.

Prompt: "Crea un plan de estudio personalizado para un estudiante de secundaria que se está preparando para un examen de álgebra, incluyendo temas clave y problemas de práctica."

Respuesta generada: "Aquí tienes un plan de estudio personalizado para tu examen de álgebra: Semana 1: Revisión de ecuaciones lineales y sistemas de ecuaciones. Practica problemas en los capítulos 1 y 2 del libro de texto. Semana 2: Estudio de polinomios y factorización. Completa los ejercicios del capítulo 3. Semana 3: análisis de funciones y gráficos. Trabaja en problemas del capítulo 4. Semana 4: preparación final y repaso de todos los temas. Realiza los exámenes de práctica proporcionados en los apéndices del libro de texto. No olvides reservar tiempo para revisar errores y reforzar conceptos donde sientas más dificultad."

▶ **Generación de material didáctico:** los educadores pueden utilizar ChatGPT para crear material didáctico, como guías de estudio, cuestionarios y actividades interactivas. Esto ahorra tiempo y garantiza que el contenido sea accesible y relevante para los estudiantes.

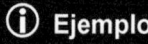 **Ejemplo**

Un profesor necesita crear un cuestionario para evaluar la comprensión de los estudiantes sobre la Revolución Industrial.

Prompt: "Genera un cuestionario de 10 preguntas sobre la Revolución Industrial, incluyendo preguntas de opción múltiple y de desarrollo."

Respuesta generada: "Claro, aquí tienes un cuestionario sobre la Revolución Industrial: 1. ¿En qué siglo comenzó la Revolución Industrial? A) Siglo XVII B) Siglo XVIII C) Siglo XIX D) Siglo XX 2. ¿Cuál fue la principal fuente de energía utilizada al inicio de la Revolución Industrial? A) Petróleo B) Electricidad C) Carbón D) Energía solar 3. Describe el impacto de la Revolución Industrial en la urbanización. 4. ¿Qué invento se atribuye a James Watt y cómo afectó la industria? 5. Explica cómo la Revolución Industrial cambió las condiciones laborales. 6. ¿Cuál fue el papel del ferrocarril en la Revolución Industrial? A) Transporte de bienes B) Transporte de personas C) Ambos D) Ninguno 7. ¿Qué sector fue el primero en industrializarse? A) Textil B) Agrícola C) Automotriz D) Tecnológico 8. Define el término 'ludismo' y su relevancia durante la Revolución Industrial. 9. ¿Cómo afectó la Revolución Industrial al medio ambiente? 10. Menciona tres inventos significativos de la Revolución Industrial y sus inventores."

Aplicaciones en la gestión de proyectos

▶ **Planificación y seguimiento de proyectos:** la gestión de proyectos puede beneficiarse enormemente del uso de ChatGPT. El modelo puede asistir en la creación de planes de proyecto, cronogramas y listas de tareas. Además, puede proporcionar seguimiento y actualización del estado del proyecto, identificando posibles retrasos y sugiriendo ajustes necesarios.

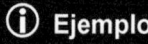 **Ejemplo**

Un gerente de proyecto necesita crear un cronograma para un proyecto de desarrollo de software.

Prompt: "Crea un cronograma detallado para un proyecto de desarrollo de software de seis meses, incluyendo fases de planificación, desarrollo, pruebas y lanzamiento."

Respuesta generada: "Aquí tienes un cronograma detallado para el proyecto de desarrollo de software: Mes 1: planificación–Definición de requisitos (2 semanas)– Diseño del sistema (2 semanas) Mes 2-4: Desarrollo–Desarrollo del módulo de frontend (4 semanas)–Desarrollo del módulo de backend (4 semanas)–Integración de frontend y backend (4 semanas) Mes 5: pruebas–Pruebas unitarias (2 semanas)–Pruebas de integración (2 semanas)–Pruebas de aceptación del usuario (2 semanas) Mes 6: Lanzamiento–Preparación del entorno de producción (1 semana)–Lanzamiento y despliegue (1 semana)–Soporte post-lanzamiento y corrección de errores (2 semanas)– Evaluación del proyecto y cierre (2 semanas)"

▶ **Análisis de riesgos y mitigación:** la identificación y mitigación de riesgos es un componente esencial de la gestión de proyectos. ChatGPT puede ayudar a analizar posibles riesgos y sugerir estrategias de mitigación basadas en experiencias anteriores y mejores prácticas.

ⓘ Ejemplo

Un equipo de proyecto quiere identificar y mitigar riesgos potenciales en un proyecto de construcción.

Prompt: "Analiza un proyecto de construcción y proporciona una lista de posibles riesgos, junto con estrategias de mitigación para cada uno."

Respuesta generada: "A continuación, se presenta una lista de posibles riesgos y estrategias de mitigación para el proyecto de construcción: 1. Retrasos en la entrega de materiales–Estrategia de mitigación: Establecer contratos con múltiples proveedores y mantener un inventario de emergencia. 2. Condiciones climáticas adversas–Estrategia de mitigación: planificar un cronograma flexible que incluya tiempo adicional para posibles retrasos climáticos. 3. Problemas de seguridad en el sitio–Estrategia de mitigación: implementar estrictos protocolos de seguridad y capacitación regular para los trabajadores. 4. Cambios en el alcance del proyecto–Estrategia de mitigación: Establecer un proceso claro para la gestión de cambios y comunicación efectiva con el cliente. 5. Exceso de presupuesto–Estrategia de mitigación: Monitorear los gastos regularmente y ajustar el presupuesto según sea necesario, buscando siempre alternativas más económicas sin comprometer la calidad."

2.2 UTILIZACIÓN Y DOMINIO DE APLICACIONES IA GENERATIVA PARA CREACIÓN DE IMÁGENES

La creación de imágenes mediante Inteligencia Artificial ha abierto nuevas posibilidades en el campo del diseño y la creatividad. Herramientas como MidJourney y DALL-E permiten generar imágenes a partir de descripciones textuales, ofreciendo a los usuarios la capacidad de visualizar conceptos y crear arte digital de alta calidad. En esta sección, se analizarán las capacidades de estas herramientas y cómo pueden aplicarse en diversos contextos.

2.2.1 Creación de imágenes con MidJourney

MidJourney es una plataforma innovadora en el ámbito de la Inteligencia Artificial generativa, especializada en la creación de imágenes a partir de descripciones textuales. Su capacidad para interpretar y materializar conceptos visuales a partir de prompts textuales ha revolucionado el proceso creativo en múltiples industrias. Al utilizar modelos de aprendizaje profundo, MidJourney permite a los usuarios generar imágenes de alta calidad, ya sea para propósitos artísticos, comerciales o educativos, simplificando y acelerando significativamente la fase de creación visual.

Fuente: página web de MidJourney (captura de pantalla).

MidJourney se distingue por una serie de características y funcionalidades avanzadas que facilitan la creación de imágenes personalizadas y de alta calidad. Entre las más destacadas se incluyen:

▶ Interpretación de prompts textuales

- La habilidad de MidJourney para comprender y procesar descripciones textuales detalladas permite a los usuarios generar imágenes precisas y alineadas con sus necesidades específicas. Este proceso implica la utilización de algoritmos de procesamiento de lenguaje natural (NLP) para interpretar las solicitudes de los usuarios y convertirlas en representaciones visuales coherentes.

ⓘ Ejemplo

Prompt: "Una casa en la cima de una colina durante el atardecer, con nubes doradas y árboles en el horizonte."

Resultado: MidJourney genera una imagen que refleja fielmente esta descripción, capturando la luz dorada del atardecer, la casa en la colina y los árboles en la distancia.

⚑ Personalización y ajustes

- MidJourney permite a los usuarios realizar ajustes detallados a las imágenes generadas. Esto incluye la posibilidad de modificar aspectos como la iluminación, el estilo artístico, la paleta de colores y la composición. Estas herramientas de personalización son esenciales para aquellos que buscan un alto grado de control sobre el resultado final.

ⓘ Ejemplo

Escenario: Un diseñador gráfico necesita ajustar la iluminación de una imagen para que se adapte a una campaña publicitaria específica.

Acción: Utilizando las herramientas de MidJourney, el diseñador puede cambiar la intensidad y dirección de la luz, ajustando la atmósfera de la imagen para que coincida con el mensaje de la campaña.

⚑ Integración y exportación

- MidJourney facilita la integración de las imágenes generadas en diversos formatos y plataformas. Los usuarios pueden exportar sus creaciones en múltiples formatos de archivo (como JPEG, PNG y TIFF), asegurando compatibilidad con diferentes aplicaciones de edición y presentación. Además, la plataforma permite la integración con otros softwares creativos, lo que optimiza el flujo de trabajo de los diseñadores y artistas.

ⓘ **Ejemplo**

Escenario: Un ilustrador quiere integrar una imagen generada por MidJourney en un proyecto de Adobe Photoshop.

Acción: La imagen se exporta en formato PNG y se importa fácilmente en Photoshop, donde el ilustrador puede realizar ediciones adicionales.

En el ámbito de la publicidad y el marketing, MidJourney ha demostrado ser una herramienta valiosa para la creación de contenido visual atractivo y original. Las agencias de publicidad pueden utilizar la plataforma para desarrollar imágenes impactantes que capten la atención del público y transmitan mensajes de marca de manera efectiva.

ⓘ **Ejemplo**

Una agencia de publicidad necesita crear una serie de imágenes para una campaña de productos naturales.

Prompt: "Un campo verde lleno de flores silvestres, con un cielo azul claro y una suave brisa moviendo las plantas."

Resultado: MidJourney genera una serie de imágenes que reflejan la serenidad y naturalidad deseadas, utilizables en diversos materiales publicitarios como banners, anuncios en redes sociales y carteles.

Artistas y diseñadores encuentran en MidJourney una herramienta poderosa para explorar nuevas formas de expresión visual. La capacidad de generar imágenes basadas en descripciones textuales permite a los artistas experimentar con conceptos y estilos que de otro modo podrían ser difíciles de visualizar.

ⓘ **Ejemplo**

Un artista conceptual está trabajando en una serie de ilustraciones para un libro de fantasía.

Prompt: "un castillo medieval rodeado de un bosque encantado, con criaturas mágicas volando alrededor."

Resultado: la imagen generada por MidJourney proporciona una base visual rica en detalles, que el artista puede usar como referencia para sus ilustraciones finales.

En el ámbito educativo, MidJourney facilita la creación de recursos visuales para presentaciones y materiales didácticos. Los profesores pueden generar imágenes que complementen sus lecciones, ayudando a los estudiantes a comprender mejor los conceptos presentados.

ⓘ Ejemplo

Un profesor de historia quiere ilustrar la vida cotidiana en la antigua Roma.

Prompt: "Una calle de la antigua Roma, con ciudadanos vestidos con túnicas, mercados, y edificios históricos en el fondo."

Resultado: MidJourney genera una imagen que el profesor puede utilizar en su presentación para ofrecer a los estudiantes una visualización vívida de la época.

La siguiente tabla expone las ventajas y limitaciones principales de MidJourney:

Ventajas	Limitaciones
Creatividad infinita: MidJourney expande las posibilidades creativas, permitiendo la generación de imágenes que pueden ser difíciles de crear manualmente.	**Dependencia de la calidad del prompt:** la calidad de la imagen generada depende en gran medida de la claridad y precisión del prompt proporcionado. Prompts vagos o mal definidos pueden resultar en imágenes menos satisfactorias.
Ahorro de tiempo: la automatización del proceso de generación de imágenes ahorra tiempo significativo, especialmente en proyectos con plazos ajustados.	**Falta de control completo:** aunque MidJourney ofrece opciones de personalización, algunos usuarios pueden encontrar limitaciones en el control absoluto sobre cada detalle de la imagen generada.
Accesibilidad: usuarios con diferentes niveles de habilidad técnica pueden utilizar MidJourney para producir resultados profesionales, democratizando el acceso a herramientas avanzadas de creación visual.	**Requisitos computacionales:** la generación de imágenes de alta calidad puede requerir recursos computacionales significativos, lo que puede ser una limitación para usuarios con hardware menos potente.

Para utilizar MidJourney, es necesario tener una cuenta en Discord. A continuación están los pasos que hay que seguir para crear una cuenta:

1. Si aún no tienes una cuenta, ve a Discord y regístrate siguiendo las instrucciones para crear una cuenta.

2. Abre tu navegador y dirígete a MidJourney.

3. Hacer clic en "Join the Beta" o "Sign Up":

4. En la página principal, haz clic en "Join the Beta" o "Sign Up". Esto te redirigirá a la página de autorización de Discord.

5. Inicia sesión en tu cuenta de Discord si no lo has hecho ya.

6. Autoriza a MidJourney para acceder a tu cuenta de Discord haciendo clic en "Authorize".

7. Serás redirigido al servidor de MidJourney en Discord. Únete al servidor para comenzar a utilizar las funcionalidades de MidJourney.

8. En el servidor de MidJourney, sigue las instrucciones proporcionadas para interactuar con el bot de MidJourney y comenzar a generar contenido.

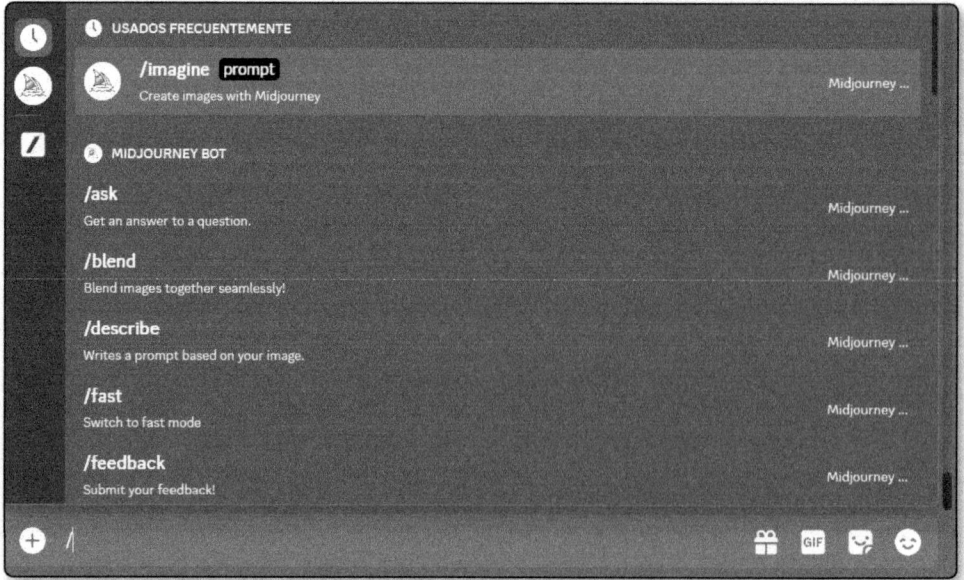

Fuente: interfaz de comandos del bot de MidJourney en Discord (captura de pantalla).

La imagen muestra la interfaz de comandos del bot de MidJourney en Discord, con varios comandos listados que los usuarios pueden utilizar para interactuar con el bot y generar contenido. A continuación, se describen los comandos y su función:

- ► /imagine [prompt]
  - Este comando permite a los usuarios crear imágenes con MidJourney. Los usuarios ingresan un "prompt" o descripción de lo que desean que la imagen represente.
  - Ejemplo: /imagine beautiful sunset over the mountains.

- ► /ask
  - Obtén una respuesta a una pregunta. Este comando se utiliza para hacer preguntas al bot.
  - Ejemplo: /ask What is the capital of France?

- ► /blend
  - Mezcla imágenes juntas sin problemas. Este comando permite a los usuarios combinar dos o más imágenes en una sola.
  - Ejemplo: /blend image1_url image2_url

- ► /describe
  - Escribe un "prompt" basado en tu imagen. Este comando ayuda a generar una descripción o "prompt" a partir de una imagen proporcionada.
  - Ejemplo: /describe image_url

- ► /fast
  - Cambia al modo rápido. Este comando permite a los usuarios cambiar el bot al modo rápido para obtener resultados más rápidamente.
  - Ejemplo: /fast

- ► /feedback
  - Envía tus comentarios. Este comando se utiliza para enviar comentarios o sugerencias sobre el bot o sus funcionalidades.
  - Ejemplo: /feedback the image generation was very accurate and quick!

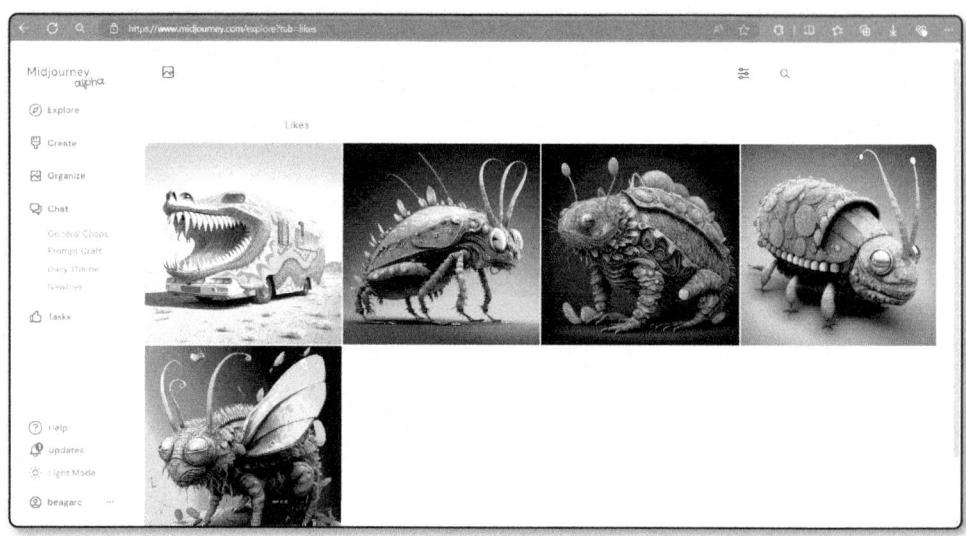

La imagen muestra la interfaz de la sección "Explore" de la página web de MidJourney, donde los usuarios pueden explorar y visualizar las creaciones realizadas con la herramienta de Inteligencia Artificial. A continuación, se describen los elementos principales visibles en la imagen:

Barra de navegación lateral (Izquierda):

▶ **Explore:** sección activa que permite a los usuarios explorar diferentes imágenes generadas.

▶ **Create:** opciones para crear nuevas imágenes.

▶ **Organize:** herramientas para organizar tus proyectos y creaciones.

▶ **Chat:** acceso a diferentes canales de chat, incluyendo:

  • General Chaos

  • Prompt Craft

  • Daily Theme

  • Newbies

▶ **Tasks:** lista de tareas o actividades pendientes.

▌ **Help:** sección de ayuda para soporte y asistencia.

▌ **Updates:** noticias y actualizaciones sobre la plataforma.

▌ **Light Mode:** opción para cambiar entre modos de visualización claros y oscuros.

Barra de búsqueda (Arriba):

▌ **Search:** campo de búsqueda para encontrar imágenes o contenidos específicos.

▌ **Filtros:** opciones para filtrar las búsquedas y ajustar los resultados mostrados.

Imágenes destacadas (Centro):

▌ **Imágenes variadas:** se muestran varias imágenes destacadas, que pueden incluir ilustraciones, gráficos y fotografías generadas por los usuarios utilizando MidJourney. Estas imágenes están organizadas en categorías como "Random", "Hot", "Top Day", y "Likes".

Campo de entrada de Prompt:

▌ **What will you imagine?:** campo donde los usuarios pueden ingresar descripciones o "prompts" para generar nuevas imágenes.

El futuro de la creación de imágenes con MidJourney promete avances continuos en la calidad y la funcionalidad. Se anticipa que las mejoras en los algoritmos de IA permitirán una comprensión aún más profunda de los prompts textuales, resultando en imágenes más detalladas y precisas. Además, la integración con tecnologías emergentes como la realidad aumentada (AR) y la realidad virtual (VR) podría abrir nuevas dimensiones en la creación visual, permitiendo experiencias más inmersivas y personalizadas. La colaboración entre MidJourney y otras plataformas de IA también puede facilitar flujos de trabajo más integrados y eficientes, beneficiando a una amplia gama de industrias y usuarios.

2.2.2 Mejora de las imágenes generadas mediante ingeniería de prompts

La ingeniería de prompts es una técnica crítica en el proceso de generación de imágenes mediante Inteligencia Artificial, especialmente con herramientas como MidJourney. Esta técnica consiste en la formulación estratégica de descripciones textuales que guían al algoritmo para producir imágenes que se alineen precisamente con las necesidades y expectativas del usuario. Un prompt bien diseñado puede resultar en imágenes visualmente impresionantes y altamente específicas, mientras que un prompt vago o mal estructurado puede llevar a resultados imprecisos y de menor calidad.

Los elementos clave para que un prompt sea efectivo en la generación de imágenes se exponen a continuación:

   ► **Especificidad:** la precisión en la descripción es fundamental. Detalles sobre el ambiente, el sujeto, los colores y la atmósfera deben ser claramente comunicados. Por ejemplo, en lugar de "un coche", se debería especificar "un coche deportivo rojo corriendo en un desierto al atardecer".

   ► **Contexto y fondo:** añadir contexto ayuda a la IA a entender mejor la escena en su conjunto. Esto podría incluir la época del día, el estilo artístico deseado, o la emocionalidad que la imagen debe evocar.

   ► **Terminología visual:** usar términos relacionados con la composición fotográfica y artística, como "perspectiva en primera persona", "iluminación trasera" o "saturación alta", puede ayudar a guiar la estética de la imagen generada.

La iteración es un paso esencial en la ingeniería de prompts. Rara vez un prompt inicial es perfecto. A través de la experimentación y el ajuste, los usuarios pueden afinar sus prompts para alinear mejor las imágenes generadas con sus visiones creativas. Esto puede implicar ajustar la formulación del prompt, añadir o quitar detalles, o cambiar el enfoque de la descripción.

Para mejorar la formulación de prompts, existen diversas técnicas avanzadas que se pueden aplicar:

1. El uso de adjetivos y adverbios detallados puede influir significativamente en los resultados. describir una "tormenta feroz y eléctrica" en lugar de simplemente "mal tiempo" puede alterar dramáticamente la imagen producida.

2. Crear una narrativa en el prompt puede proporcionar a la IA un marco más rico para la generación de imágenes. Por ejemplo, "un joven aprendiz de mago practica hechizos en una antigua biblioteca iluminada solo por la luz de las velas" establece un escenario detallado.

3. Instrucciones sobre perspectiva y ángulo pueden dirigir cómo se "ve" la escena. Comandos como "vista aérea" o "primer plano" pueden definir el enfoque de la imagen.

4. Incluir elementos de composición, como "la regla de los tercios", "simetría" o "uso de espacio negativo" puede guiar al modelo para crear imágenes que no solo son estéticas sino también técnicamente impresionantes.

5. Utilizar las imágenes generadas como feedback para refinar los prompts puede ser una estrategia efectiva. Analizar qué aspectos de la imagen generada cumplen con las expectativas y cuáles no, puede ofrecer insights sobre cómo ajustar los prompts futuros.

6. Realizar ajustes basados en pruebas específicas, como cambiar un solo término o agregar un nuevo detalle, puede ayudar a entender mejor cómo cada elemento del prompt influye en la imagen final.

2.2.3 Generación de imágenes artísticas con DALL-E

DALL-E, desarrollado por OpenAI, es un modelo avanzado de Inteligencia Artificial que revoluciona la creación de imágenes artísticas a partir de descripciones textuales. Esta herramienta, basada en una versión modificada de GPT-3 adaptada para el procesamiento visual, permite a los usuarios generar imágenes únicas y creativas que antes requerían habilidades artísticas avanzadas o extensos recursos de diseño. DALL-E no solo interpreta los elementos literales de un prompt, sino que también captura y expresa conceptos abstractos y emociones, ofreciendo posibilidades ilimitadas en el campo del arte digital y la creatividad visual.

Fuente: página de inicio de DALL·E en ChatGPT (captura de pantalla).

Para acceder a DALL·E, sigue estos pasos:

1. En el sitio de OpenAI, busca la sección específica para DALL·E. Esto puede encontrarse en el menú de productos o servicios de OpenAI.

2. Si ya tienes una cuenta en OpenAI, haz clic en "Iniciar sesión" e ingresa tus credenciales.

3. Si no tienes una cuenta, haz clic en "Registrarse" y sigue el proceso para crear una nueva cuenta, que incluirá proporcionar tu correo electrónico, crear una contraseña y verificar tu cuenta a través de un correo electrónico de confirmación.

4. Una vez que hayas iniciado sesión, navega a la página o sección donde puedes interactuar con DALL·E.

5. En la interfaz de DALL·E, encontrarás un campo donde puedes ingresar descripciones de texto (prompts) para generar imágenes. Escribe una descripción detallada de la imagen que deseas crear y presiona el botón para generar.

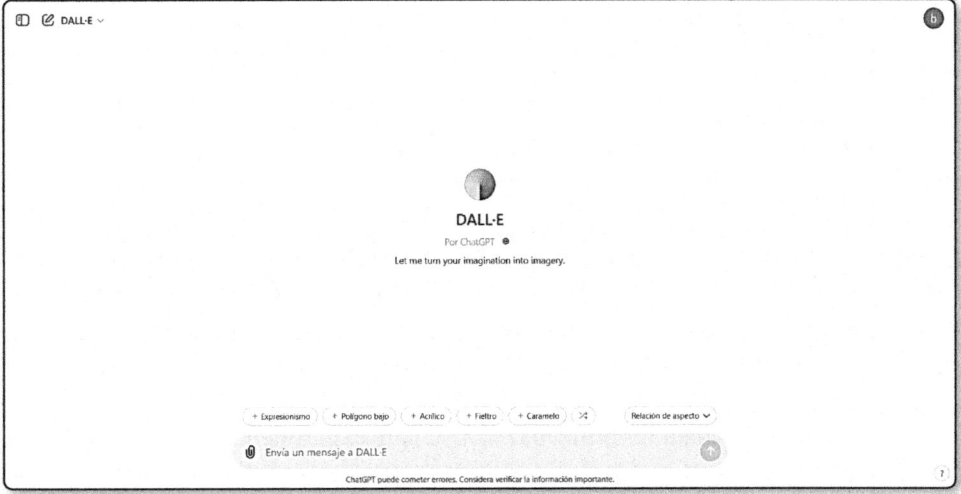

Fuente: interfaz de generación de imágenes de DALL·E en ChatGPT (captura de pantalla).

Fuente: imagen generada con DALL·E en ChatGPT (captura de pantalla).

DALL-E se destaca por su capacidad para entender y transformar descripciones textuales complejas en imágenes visuales concretas. Esto incluye la habilidad para manejar peticiones que involucran tanto elementos realistas como imaginativos o surrealistas, lo que permite a los usuarios explorar combinaciones creativas que van más allá de lo convencional. Por ejemplo, un prompt como "un canguro hecho de ramas de árbol tocando un violín bajo la lluvia en un bosque nebuloso" resulta en una imagen que combina de manera cohesiva y artística estos elementos inusuales en una representación visual que es tanto intrigante como estéticamente agradable.

Además, una de las capacidades más notables de DALL-E es su flexibilidad para adaptarse a diferentes estilos artísticos. Desde el impresionismo hasta el arte moderno y el pixel art, DALL-E puede generar imágenes que no solo siguen las descripciones textuales, sino que también emulan estilos artísticos específicos. Por ejemplo, un prompt como "una ciudad futurista al estilo de Van Gogh con edificios que se tuercen hacia el cielo nocturno estrellado" genera una imagen que refleja el estilo distintivo de Van Gogh, con pinceladas expresivas y un uso vibrante del color, mientras presenta una visión futurista y original de una ciudad.

Artistas y diseñadores utilizan DALL-E para experimentar con nuevas formas de expresión artística y para generar obras para exposiciones digitales. Esto permite a los artistas explorar nuevas temáticas y estilos sin las limitaciones tradicionales de los materiales físicos. Por ejemplo, un artista digital puede crear una serie de obras para una exposición virtual titulada "sueños digitales", donde cada obra representa un sueño surrealista interpretado por DALL-E.

En el marketing y la publicidad, DALL-E puede utilizarse para crear imágenes llamativas y memorables que capturen la atención del público y transmitan mensajes de marca de manera efectiva. Por ejemplo, una agencia de publicidad puede generar imágenes para una campaña de un nuevo perfume, utilizando DALL-E para crear escenarios visuales que evocan las sensaciones olfativas del perfume a través de imágenes visuales poéticas y evocadoras.

Educadores y creadores de contenido educativo pueden emplear DALL-E para generar ilustraciones y visualizaciones que ayuden a explicar conceptos complejos o abstractos de una manera más intuitiva y visualmente atractiva. Por ejemplo, un profesor de ciencia puede utilizar DALL-E para crear imágenes que ilustren conceptos de física cuántica, como la dualidad onda-partícula, de una manera que los estudiantes puedan visualizar y comprender mejor.

Uno de los desafíos al usar DALL-E es asegurar que las imágenes generadas mantengan una alta fidelidad al prompt original y no introduzcan elementos no deseados o distractores. Esto requiere una formulación cuidadosa del prompt y posiblemente ajustes iterativos basados en los resultados preliminares. Además, el uso de DALL-E plantea preguntas éticas importantes, especialmente en términos de originalidad y propiedad intelectual. Es esencial que los usuarios de DALL-E naveguen estas cuestiones éticas con cuidado, especialmente al usar imágenes generadas para fines comerciales o públicos.

El futuro de herramientas como DALL-E probablemente incluirá mejoras en la precisión de la generación de imágenes, la capacidad de interpretar prompts aún más complejos y abstractos, y la integración de retroalimentación en tiempo real para refinamientos instantáneos. Además, a medida que la tecnología evolucione, es probable que veamos una expansión en las aplicaciones de DALL-E, desde la creación de contenido interactivo en realidad aumentada y virtual hasta su uso en campos emergentes como la moda y el diseño interior digital.

A continuación, se expone una tabla comparativa entre DALL-E y MidJourney:

Aspecto	DALL-E	MidJourney
Desarrollador	OpenAI	MidJourney
Enfoque	Creación de imágenes artísticas a partir de descripciones textuales	Generación de imágenes creativas y artísticas
Capacidades	Interpreta descripciones complejas, captura elementos literales y abstractos	Genera imágenes rápidamente con alto grado de creatividad
Aplicaciones	Arte digital, publicidad, educación, creación de contenido visual	Proyectos creativos, diseño gráfico, marketing visual
Creatividad y Complejidad	Maneja descripciones muy complejas, produce imágenes detalladas y coherentes	Expande las posibilidades creativas
Adaptabilidad	Emula diferentes estilos artísticos	Accesible para usuarios con diferentes niveles de habilidad técnica

Aspecto	DALL-E	MidJourney
Accesibilidad.	Requiere prompts específicos y bien formulados.	Democratiza el acceso a herramientas avanzadas de creación visual.
Limitaciones.	Generación de imágenes de alta calidad puede necesitar recursos computacionales significativos.	Calidad de la imagen depende de la claridad y precisión del prompt.
Arte Digital y Exposiciones.	Ideal para artistas que desean explorar nuevas formas de expresión.	Perfecto para proyectos creativos rápidos y exploración visual.
Publicidad y Marketing.	Crea imágenes personalizadas y detalladas.	Genera imágenes llamativas y memorables rápidamente.
Educación y Material didáctico.	Crea ilustraciones y visualizaciones para explicar conceptos complejos.	Crea recursos educativos rápidos y creativos.
Consideraciones Éticas.	Plantea preguntas sobre originalidad y propiedad intelectual.	Plantea preguntas sobre originalidad y propiedad intelectual.
Futuro.	Evolución en precisión y aplicaciones en diversos campos.	Continua evolución en precisión y ampliación de aplicaciones

2.2.4 Creatividad y mejora de imágenes

Las herramientas de IA pueden mejorar significativamente la calidad de una imagen ajustando factores como el brillo, el contraste, la saturación y la nitidez. Estas modificaciones ayudan a asegurar que las imágenes no solo se vean mejor, sino que también sean más efectivas en su propósito, ya sea en impresiones de alta calidad o en visualizaciones digitales. Por ejemplo, una fotografía de paisaje puede transformarse ajustando el contraste para destacar detalles del cielo y la vegetación, y aumentando la saturación para hacer que los colores sean más vivos y atractivos.

Además, la IA permite la remasterización y restauración de imágenes antiguas o dañadas. Mediante el uso de redes neuronales, estas herramientas pueden reconstruir partes faltantes, eliminar ruido y corregir desgastes, lo que es invaluable para la preservación de documentos históricos o personales. Un ejemplo práctico sería restaurar una foto antigua descolorida, llenando las áreas dañadas y devolviéndole su claridad y color original para su inclusión en un documental histórico.

La IA no se limita a mejorar la calidad de la imagen; también puede alterar completamente su estilo para adaptarse a diferentes necesidades creativas. Herramientas como DeepArt y otros programas similares utilizan algoritmos de transferencia de estilo para convertir imágenes ordinarias en obras de arte en los estilos de famosos pintores o tendencias artísticas. Por ejemplo, transformar una foto urbana común en una obra de arte que imite el estilo impresionista, ideal para una campaña de marketing visualmente impactante.

En publicidad, la mejora de imágenes mediante IA puede crear visualizaciones que capturan la atención y transmiten mensajes de manera más efectiva. Las imágenes mejoradas son especialmente útiles en campañas donde la calidad visual puede influir directamente en la percepción del producto por parte del consumidor. Un ejemplo práctico sería mejorar la imagen de un automóvil para una valla publicitaria, ajustando la iluminación y los detalles para resaltar su diseño moderno y características innovadoras.

Los artistas y diseñadores están utilizando IA para explorar nuevas formas de expresión visual y para experimentar con técnicas y estilos que antes eran inaccesibles. Esto incluye la creación de arte digital que se puede personalizar para adaptarse a exposiciones específicas o proyectos personales. Por ejemplo, un artista digital crea una serie de obras que exploran la condición humana a través de un estilo que combina surrealismo e hiperrealismo, generado íntegramente por IA.

En la industria del entretenimiento, la mejora de imágenes se utiliza para crear efectos visuales más convincentes en películas y videojuegos. La IA puede generar entornos detallados, mejorar efectos especiales y contribuir a la creación de personajes más realistas. Un ejemplo práctico sería utilizar IA para mejorar los fondos de las escenas en una película de ciencia ficción, asegurando que los paisajes alienígenas sean tanto visualmente impresionantes como creíbles.

Uno de los desafíos más significativos en la mejora de imágenes con IA es mantener un equilibrio entre mejorar la calidad visual y preservar la intención original del creador. Es esencial que las herramientas de IA se utilicen de manera que complementen y respeten la visión original en lugar de distorsionarla.

A medida que las herramientas de IA se vuelven más capaces de modificar y crear imágenes, surgen preocupaciones éticas sobre los derechos de autor y la propiedad de las imágenes generadas. Las regulaciones y normativas tendrán que evolucionar para abordar estas cuestiones y garantizar que se respeten los derechos de los creadores originales.

2.2.5 Utilización de Stable Diffusion para la creación de imágenes fotorealistas

Stable Diffusion es un modelo de Inteligencia Artificial que ha revolucionado la forma en que se crean imágenes digitales, permitiendo la generación de imágenes fotorealistas a partir de descripciones textuales. Este modelo utiliza técnicas avanzadas de aprendizaje profundo para sintetizar imágenes que son visualmente impresionantes y detalladas. La capacidad de Stable Diffusion para crear imágenes realistas de manera rápida y eficiente lo convierte en una herramienta valiosa en campos que van desde el arte y el diseño hasta la publicidad y la educación.

Stable Diffusion está construido sobre una arquitectura de redes neuronales que aprende a partir de vastas cantidades de datos visuales. Este aprendizaje le permite comprender y replicar complejidades visuales que caracterizan a las imágenes fotorealistas, como texturas, iluminación y sombras.

ⓘ Ejemplo

Descripción: generar una imagen de una selva tropical al amanecer con rocío en las hojas y rayos de sol filtrándose a través de los árboles.

Implementación: Stable Diffusion analiza miles de imágenes reales para aprender cómo se manifiestan estos elementos en el mundo natural y los reproduce de manera convincente en la imagen generada.

Stable Diffusion está diseñado para optimizar el uso de recursos computacionales, lo que permite generar imágenes de alta resolución en segundos. Esta eficiencia hace que la tecnología sea accesible para usuarios con diferentes niveles de capacidad de hardware, desde artistas independientes hasta grandes estudios de diseño.

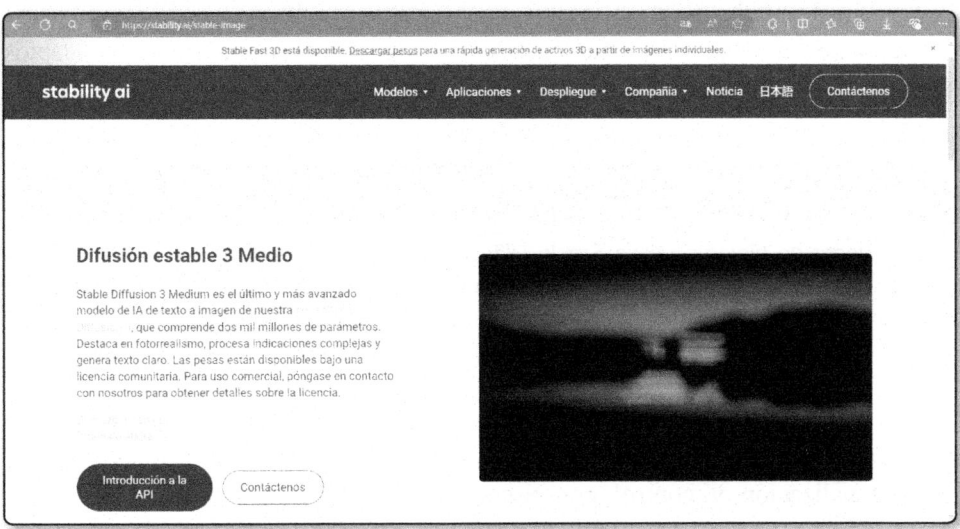

Artistas y diseñadores utilizan Stable Diffusion para explorar nuevas formas de expresión visual y para crear obras que serían imposibles de realizar manualmente. La capacidad de generar imágenes detalladas y realistas abre nuevas posibilidades para la creatividad y la innovación en el arte.

ⓘ Ejemplo

Un artista conceptual utiliza Stable Diffusion para crear imágenes realistas de conceptos de vehículos futuristas, que luego son utilizados en el diseño de un nuevo videojuego de ciencia ficción.

En la publicidad, la capacidad de crear imágenes atractivas y visualmente impactantes rápidamente es invaluable. Stable Diffusion puede utilizarse para generar imágenes de productos en entornos realistas, mejorando la presentación y la atracción del producto en los materiales de marketing.

ⓘ Ejemplo

Una agencia de marketing utiliza Stable Diffusion para crear imágenes de un nuevo smartphone en varios entornos urbanos, destacando sus características en situaciones de uso real.

En el ámbito educativo, las imágenes realistas pueden mejorar la comprensión y el aprendizaje al proporcionar representaciones visuales precisas de conceptos abstractos o inaccesibles, como fenómenos astronómicos o procesos biológicos.

ⓘ **Ejemplo**

Un profesor de biología utiliza Stable Diffusion para generar imágenes detalladas de estructuras celulares para un curso de biología celular, ayudando a los estudiantes a visualizar y entender mejor la materia.

Se anticipa que futuras versiones de Stable Diffusion ofrecerán mejoras significativas en la calidad y la resolución de las imágenes, así como en la capacidad de personalización y control por parte del usuario. Esto podría incluir mejor integración con herramientas de diseño gráfico y plataformas de realidad aumentada y virtual.

La capacidad de generar imágenes fotorealistas rápidamente tiene el potencial de transformar industrias, desde el diseño de interiores y la arquitectura hasta la moda y el cine. A medida que la tecnología avanza, es probable que veamos una adopción aún más amplia de Stable Diffusion en nuevas áreas que requieran visualización de alta calidad.

2.3 OTRAS HERRAMIENTAS DE IA PARA TEXTO E IMÁGENES

Además de los modelos de lenguaje y generación de imágenes, existen otras herramientas de Inteligencia Artificial que facilitan tareas como la toma de notas, la creación de resúmenes y la monitorización web. Estas tecnologías no solo mejoran la eficiencia y precisión en la gestión de información, sino que también permiten nuevas formas de interacción y análisis de datos. A continuación, se describirán algunas de estas herramientas y sus aplicaciones prácticas en distintos ámbitos.

2.3.1 Toma de notas automáticamente en conferencias

En el contexto de conferencias y reuniones, la toma de notas es una tarea esencial, pero a menudo tediosa. La integración de herramientas de Inteligencia

Artificial (IA) para automatizar este proceso representa un avance significativo en la eficiencia y efectividad de la documentación de eventos. Estas herramientas de IA no solo capturan textualmente lo que se dice, sino que también pueden analizar y resumir los puntos clave, identificar temas importantes y organizar la información de manera coherente y accesible. Este proceso permite a los participantes concentrarse completamente en el contenido de la conferencia sin preocuparse por tomar notas detalladas.

El reconocimiento de voz es la piedra angular de la toma de notas automatizada. Las herramientas modernas de IA utilizan tecnologías avanzadas de reconocimiento de voz para convertir el habla en texto con alta precisión. Estos sistemas son capaces de manejar diversas modulaciones, acentos y dialectos, lo que los hace adecuados para conferencias internacionales con múltiples oradores.

ⓘ Ejemplo

Durante una conferencia médica, un sistema de IA transcribe las discusiones sobre nuevos tratamientos farmacológicos, capturando términos técnicos y nombres de medicamentos con precisión.

Después de convertir el habla en texto, el siguiente paso es procesar esa información para resumirla y destacar los puntos importantes. El PLN permite a la IA entender el contexto, detectar temas recurrentes y extraer conclusiones significativas, facilitando un resumen coherente y útil de la conferencia.

ⓘ Ejemplo

En un seminario de tecnología, el sistema de IA analiza las discusiones y proporciona un resumen que destaca las principales innovaciones presentadas, los debates sobre la viabilidad de nuevas tecnologías y las predicciones de tendencias futuras.

Las herramientas de IA que automatizan la toma de notas aprenden de cada uso, mejorando su capacidad para capturar y sintetizar información de manera más efectiva. A través del aprendizaje automático, estos sistemas ajustan sus algoritmos basándose en feedback y en la corrección de errores para aumentar su precisión en eventos futuros.

ⓘ **Ejemplo**

Un sistema utilizado regularmente en conferencias jurídicas se adapta para reconocer y entender mejor la jerga legal y los formatos de presentación típicos de estos eventos.

La toma de notas automatizada es especialmente beneficiosa para personas con discapacidades, como aquellas con dificultades auditivas o problemas de visión, ya que proporciona acceso instantáneo al contenido de las conferencias en formato texto. Además, en contextos educativos y de formación, permite a los estudiantes y profesionales concentrarse en el aprendizaje y la interacción, en lugar de dividir su atención entre escuchar y escribir. Este material transcrito puede ser revisado posteriormente para un estudio más detallado y preparación de exámenes.

Asimismo, la documentación automática de conferencias facilita la creación de archivos digitales que pueden ser fácilmente buscados y referenciados, lo cual es invaluable para organizaciones que necesitan mantener registros detallados de procedimientos, decisiones y discusiones. La eficacia de la toma de notas automatizada puede aumentar significativamente cuando se integra con otras tecnologías, como sistemas de gestión de conocimiento y plataformas colaborativas. Sin embargo, esto requiere interfaces bien diseñadas y compatibilidad entre diferentes sistemas y formatos de datos.

2.3.2 Creación de resúmenes y cuestionarios partiendo de documentos de texto

La capacidad de resumir textos y crear cuestionarios de manera eficiente y precisa es fundamental en campos como la educación, la investigación y el desarrollo profesional. El uso de la Inteligencia Artificial (IA) para automatizar estas tareas representa un avance significativo en cómo se procesa y se absorbe la información. Las herramientas de IA pueden analizar grandes volúmenes de texto, identificar los puntos clave y generar resúmenes concisos y cuestionarios pertinentes, facilitando el aprendizaje y la evaluación de manera más efectiva y escalable.

Para lograr esta automatización, el procesamiento de lenguaje natural (PLN) es el pilar de las herramientas de IA que crean resúmenes y cuestionarios. Esta tecnología permite a la IA entender y procesar el lenguaje humano en forma escrita, realizando tareas como la extracción de temas principales, la identificación de conceptos clave y la interpretación del contexto general del texto. Por ejemplo, si se tiene un artículo académico sobre cambio climático, una herramienta de IA puede analizar el documento, identificar las causas, los impactos y las soluciones discutidas, y generar un resumen que encapsula estos puntos clave sin perder la coherencia y profundidad del argumento original.

Además, existen principalmente dos enfoques en la sumarización automatizada: extracción y abstracción. La sumarización por extracción identifica frases y oraciones importantes directamente del texto y las compila para formar un resumen. En contraste, la sumarización por abstracción reescribe el contenido de manera más condensada, utilizando nuevas frases y a menudo reformulando para una mayor claridad y brevedad. Por ejemplo, para un manual del usuario de un software, la IA puede utilizar la sumarización por abstracción para redactar un manual simplificado que destaca los procedimientos de instalación, configuración básica y solución de problemas comunes, facilitando a los usuarios la comprensión rápida del software.

Asimismo, las herramientas de IA también pueden crear cuestionarios basados en el contenido de los documentos. Estas herramientas analizan el texto para formular preguntas que cubran los puntos esenciales, verifican la relevancia de las preguntas con el contenido y ofrecen opciones múltiples o respuestas abiertas según los requisitos del usuario. Por ejemplo, después de generar un resumen de una biografía de Albert Einstein, la IA puede formular preguntas como "¿cuál fue el principal logro de Einstein en el campo de la física?" y proporcionar opciones de respuestas que se derivan directamente de los datos más relevantes del resumen.

A continuación, se expone un ejemplo a través de imágenes de cómo generar un resumen y un cuestionario a partir de documentos en ChatGPT:

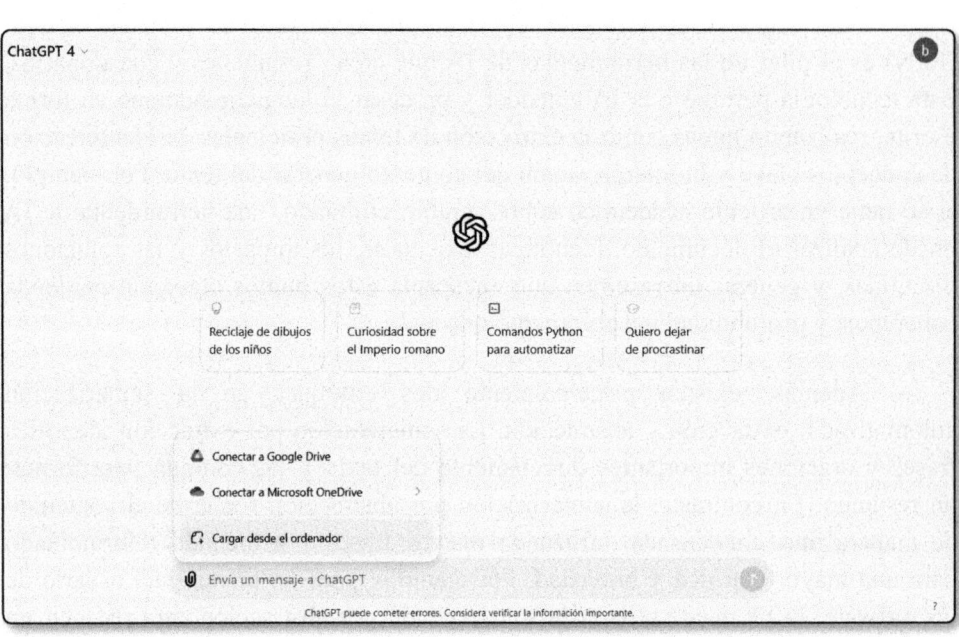

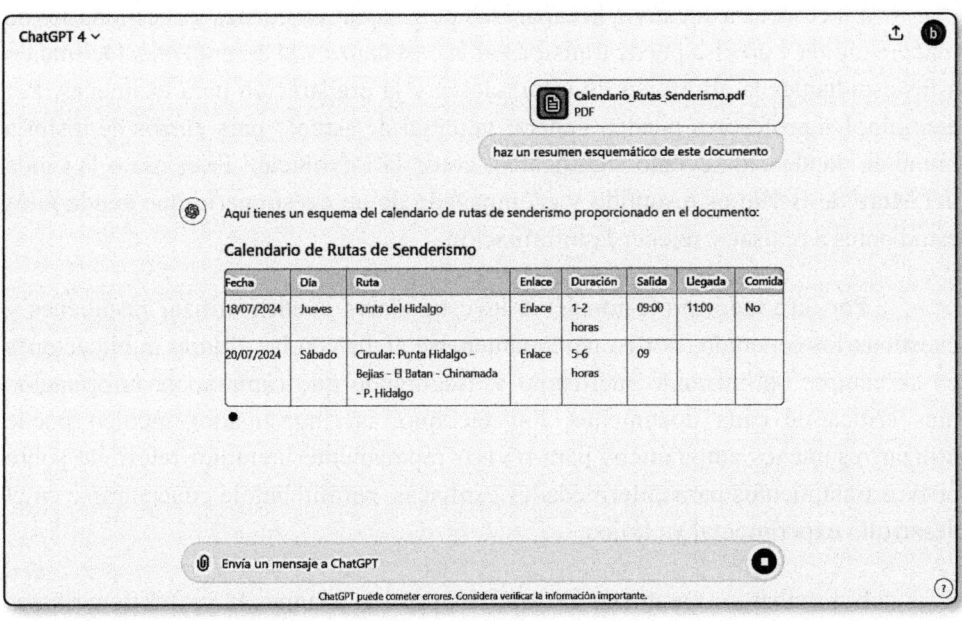

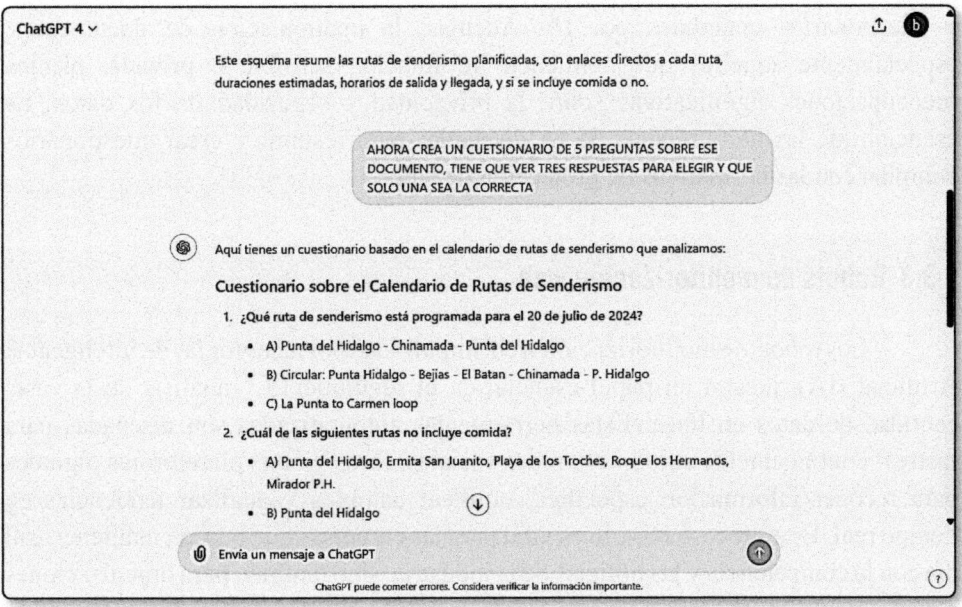

En el sector educativo, la capacidad de generar resúmenes y cuestionarios de manera rápida y precisa puede transformar la enseñanza y el aprendizaje, facilitando a los estudiantes la absorción de información y la preparación para exámenes. Por ejemplo, los profesores pueden generar material de estudio para cursos de historia mundial, donde cada evento significativo como la Revolución Francesa o la Caída del Muro de Berlín es resumido y acompañado de un cuestionario que ayuda a los estudiantes a revisar y retener la información.

Por otro lado, profesionales e investigadores pueden utilizar resúmenes y cuestionarios generados por IA para mantenerse al día con las últimas publicaciones en su campo, optimizando su tiempo y asegurando que capturan la información más crítica de cada documento. Por ejemplo, un investigador médico puede utilizar resúmenes automáticos para revisar rápidamente literatura relevante sobre nuevos tratamientos para enfermedades cardíacas, permitiéndole concentrarse en el desarrollo experimental y clínico.

Sin embargo, garantizar la precisión en los resúmenes y cuestionarios es esencial, especialmente en campos donde la información precisa es crítica. La supervisión humana sigue siendo necesaria para validar y corregir los resúmenes y cuestionarios generados por IA. Además, la manipulación de documentos, especialmente aquellos que contienen información sensible o privada, plantea preocupaciones significativas sobre la privacidad y seguridad de los datos. Es esencial que las herramientas de IA diseñadas para resumir y crear cuestionarios cumplan con las normativas de protección de datos.

2.3.3 Robots de monitorización web

Los robots de monitorización web, impulsados por tecnologías de Inteligencia Artificial (IA), juegan un papel esencial en el seguimiento y análisis de la vasta cantidad de datos en línea. Estas herramientas automatizadas son diseñadas para rastrear continuamente sitios web, redes sociales, foros y otras plataformas digitales para recoger información específica, notificar cambios y analizar tendencias en tiempo real. Este proceso no solo es vital para las empresas que buscan mantenerse al día con la competencia y las noticias de la industria, sino también para organizaciones gubernamentales, medios de comunicación e investigadores que dependen de la información actualizada para tomar decisiones informadas.

Los robots de monitorización web utilizan tecnologías de web scraping y web crawling para navegar por Internet de manera autónoma. El web crawling es el proceso por el cual un robot (conocido como "crawler") recorre sistemáticamente la web para indexar el contenido de las páginas. Por otro lado, el web scraping extrae datos específicos de estas páginas, permitiendo su recolección y análisis. Estos procesos son guiados por algoritmos avanzados de IA que determinan qué información es relevante basándose en palabras clave predefinidas, patrones y otros criterios específicos. Por ejemplo, una empresa de análisis de mercado utiliza robots de monitorización para rastrear menciones de sus productos en redes sociales y foros, permitiéndoles recopilar feedback de consumidores y detectar rápidamente problemas de satisfacción del cliente o necesidades de mejoras en los productos.

Además, los robots de monitorización web también incorporan tecnologías de aprendizaje automático para mejorar su eficiencia y precisión con el tiempo. Estos sistemas son capaces de aprender de los patrones de datos que encuentran y ajustar sus parámetros de búsqueda para optimizar la recolección de información relevante. Esto significa que cuanto más se utilizan, más efectivos se vuelven en identificar y extraer la información más valiosa. Por ejemplo, un portal de noticias emplea robots de monitorización para identificar tendencias emergentes en noticias relacionadas con la tecnología. Con el tiempo, el sistema aprende a distinguir entre fuentes de noticias de alta y baja credibilidad, mejorando la calidad de la información que el portal recopila y distribuye.

Por ejemplo, Visualping es esencialmente un robot de monitorización web. Su función principal es supervisar los cambios en sitios web específicos y notificar a los usuarios cuando se producen esos cambios. A continuación se exponen las funcionalidades de Visualping como Robot de Monitorización Web:

▼ **Supervisión de cambios:**

Visualping permite a los usuarios ingresar la URL de un sitio web que desean monitorear. El servicio rastrea esta URL y detecta cualquier cambio en el contenido del sitio web.

▼ **Notificaciones:**

Cuando se produce un cambio en el sitio web monitoreado, Visualping envía una notificación al usuario. Esto puede ser útil para una variedad de propósitos, como rastrear actualizaciones de productos, cambios en precios, nuevas publicaciones en blogs, etc.

▼ **Personalización de monitoreo:**

Los usuarios pueden configurar la frecuencia con la que Visualping revisa el sitio web, así como especificar qué tipo de cambios desean detectar (por ejemplo, cambios visuales, de texto, etc.).

▼ **Accesibilidad:**

Visualping está disponible para uso personal y empresarial, y ofrece planes de precios variados según las necesidades de monitoreo del usuario.

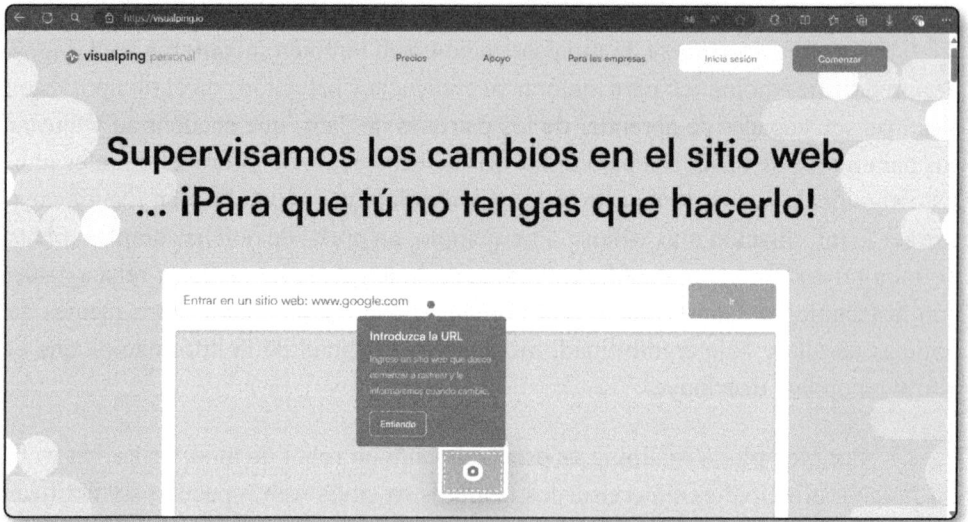

Fuente: página web de Visualping (captura de pantalla).

Para las empresas, la gestión de la reputación online es esencial. Los robots de monitorización pueden alertar a las empresas casi en tiempo real sobre menciones negativas o críticas en la web, permitiéndoles responder rápidamente para mitigar posibles daños a su imagen. Por ejemplo, una compañía de alimentos monitorea continuamente las reseñas y menciones de sus productos en plataformas de e-commerce y redes sociales para responder de inmediato a las preocupaciones de los consumidores y gestionar activamente su reputación online.

Además, los robots de monitorización web también son vitales para la seguridad cibernética, especialmente en la detección de posibles amenazas y vulnerabilidades en la infraestructura digital de una organización. Al monitorear foros de hacking y otras fuentes, pueden alertar sobre nuevas vulnerabilidades y ataques potenciales antes de que causen daño. Por ejemplo, una institución financiera utiliza robots de monitorización para rastrear la aparición de información sensible como datos de tarjetas de crédito en la dark web, permitiendo una rápida respuesta para proteger a sus clientes.

Sin embargo, el web scraping y el web crawling, aunque poderosos, enfrentan problemas legales y éticos. La extracción de datos de sitios web sin permiso puede violar los términos de servicio del sitio, y el uso indebido de datos personales puede infringir leyes de privacidad como el GDPR en Europa.

Asimismo, la dependencia en la precisión de los robots de monitorización es un desafío constante. La calidad del análisis depende fuertemente de la precisión de los datos recogidos, lo que puede ser afectado por cambios en los sitios web, la presencia de datos desactualizados o incorrectos, y la adaptabilidad del robot a nuevos formatos de contenido.

2.3.4 Creación de presentaciones a partir de documentos de texto

La creación de presentaciones es una tarea esencial en el mundo académico, empresarial y tecnológico, requiriendo una combinación de análisis crítico, diseño gráfico y síntesis de información. La capacidad de convertir documentos de texto en presentaciones visuales de manera automática representa un avance significativo en productividad y eficiencia. Utilizando tecnologías avanzadas de Inteligencia Artificial (IA), estas herramientas pueden analizar documentos extensos, extraer los puntos clave y organizarlos en diapositivas atractivas y coherentes. Esto no solo ahorra tiempo, sino que también asegura que las presentaciones sean consistentes y de alta calidad.

El procesamiento de lenguaje natural (PLN) es fundamental para interpretar y procesar el texto dentro de los documentos. Esta tecnología permite a la IA entender el contexto, extraer temas importantes y determinar qué información es esencial para incluir en la presentación. Por ejemplo, en un informe anual de una empresa, la herramienta de IA puede dividir el informe en secciones lógicas como resultados financieros, logros del año y objetivos futuros, seleccionando gráficos y estadísticas clave para incluir en las diapositivas.

Además, la IA utiliza algoritmos de sumarización para condensar el texto sin perder información vital. Simultáneamente, los algoritmos de clasificación ayudan a organizar esta información en una estructura lógica que fluye de manera coherente a través de las diapositivas de la presentación. Por ejemplo, en un artículo de investigación científica, la herramienta puede identificar y resumir los puntos críticos del estudio, tales como hipótesis, metodología, resultados y conclusiones, y distribuirlos en diferentes diapositivas con gráficos adecuados para facilitar la comprensión.

Asimismo, modernas herramientas de IA no solo se centran en el contenido textual, sino que también integran principios de diseño gráfico para mejorar la estética visual de las presentaciones. Esto incluye la selección de esquemas de colores, la disposición de elementos gráficos y la inclusión de imágenes relevantes. Por ejemplo, en una propuesta de marketing, la IA puede seleccionar un diseño que coincida con la identidad de marca de la empresa, utilizar imágenes atractivas relacionadas con el contenido y organizar el texto de manera que maximice el impacto visual y la legibilidad.

Para crear presentaciones a partir de documentos de texto usando Inteligencia Artificial, se pueden utilizar diversas herramientas que automatizan gran parte del proceso. A continuación, se explica cómo hacerlo utilizando algunas de las herramientas de IA disponibles:

Microsoft Power Point con AI (Designer Feature)

Microsoft Power Point tiene una función llamada Designer (diseñador), que utiliza IA para sugerir diseños de diapositivas basados en el contenido proporcionado.

▶ Subir el documento a Power Point:

- Abrir Power Point y crear una nueva presentación.

- Copiar y pegar el texto del documento en las diapositivas correspondientes.

▶ Utilizar Power Point Designer:

- Al pegar el texto, Power Point Designer sugerirá automáticamente diseños visuales.

- Seleccionar el diseño que mejor se ajuste a las necesidades.

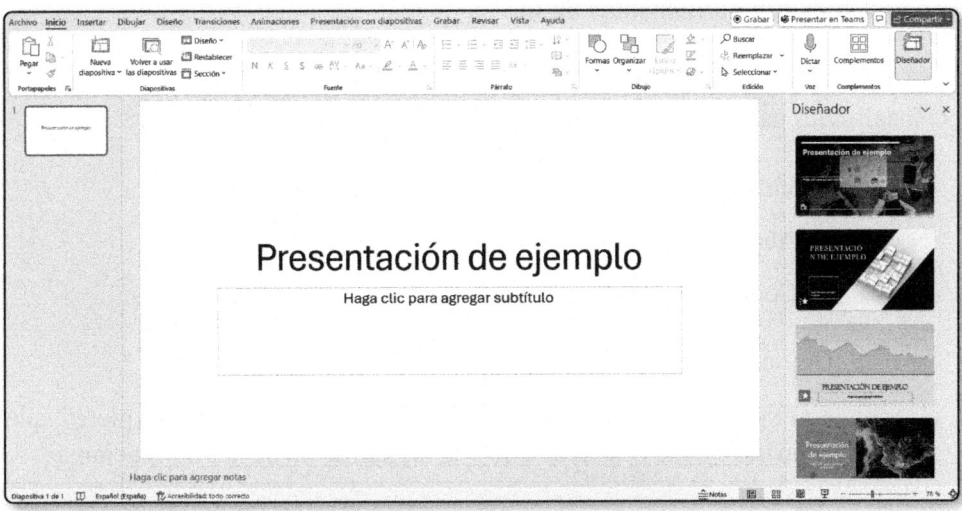

Fuente: captura de pantalla de una presentación de Power Point en blanco.

Fuente: captura de pantalla del Diseñador de Power Point con opciones de diseño de diapositivas.

Google Slides con herramientas de IA

Google Slides puede aprovecharse con complementos de IA y scripts personalizados para facilitar la creación de presentaciones.

- ⚑ Importar texto:

  - Abrir Google Slides y crear una nueva presentación.

  - Copiar y pegar el texto del documento en las diapositivas.

- ⚑ Usar complementos de IA:

  - Explorar complementos como "Slido" o "Google's Explore" que ayudan a mejorar el diseño y la organización de la información.

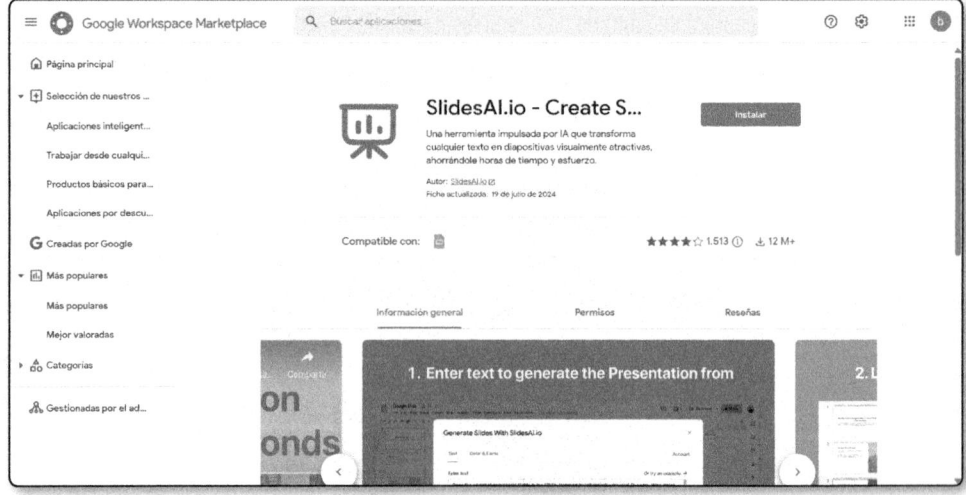

Fuente: captura de pantalla de la página de SlidesAI.io en Google Workspace Marketplace.

Beautiful.AI

Beautiful.AI es una herramienta diseñada específicamente para crear presentaciones utilizando IA.

- ⚑ Cargar el documento:

  - Registrarse e iniciar sesión en Beautiful.AI.

En el sector educativo, la capacidad de transformar rápidamente textos en presentaciones visuales puede mejorar significativamente la experiencia de aprendizaje, permitiendo a los educadores centrarse más en la enseñanza y menos en la preparación de material. Por ejemplo, un profesor puede convertir capítulos de un libro de texto en series de presentaciones para clases, asegurando que cada lección sea visualmente atractiva y fácil de seguir para los estudiantes.

Para profesionales y empresas, las presentaciones efectivas son esenciales para comunicar información a los stakeholders, convencer a los inversores o informar a los empleados sobre políticas internas. Por ejemplo, un ejecutivo puede utilizar la IA para crear rápidamente presentaciones de los resultados trimestrales de la empresa, asegurando que cada informe sea claro, profesional y alineado con las expectativas de los accionistas.

Además, los investigadores pueden beneficiarse enormemente de herramientas que automatizan la creación de presentaciones, especialmente cuando se preparan para conferencias o defensas de proyectos donde el tiempo es limitado. Por ejemplo, un científico puede transformar su último paper en una presentación detallada para una conferencia internacional, permitiéndole transmitir sus hallazgos de manera eficiente y atractiva.

2.4 IDENTIFICACIÓN Y MANEJO DE NUEVAS PLATAFORMAS DE IA GENERATIVA PARA LA CREACIÓN DE IMÁGENES, PRESENTACIONES, TRADUCCIONES, O CUALQUIER OTRO COMETIDO, PARTIENDO DE PROMPTS O DOCUMENTOS TEXTUALES

Las plataformas de Inteligencia Artificial (IA) generativa han revolucionado la forma en que se crean y procesan contenidos digitales. Estas herramientas utilizan tecnologías avanzadas para automatizar y optimizar tareas que tradicionalmente requerían intervención humana intensiva, como el diseño gráfico, la creación de documentos, la traducción de textos y más. A través del uso de modelos de aprendizaje profundo y procesamiento de lenguaje natural, las plataformas de IA generativa pueden interpretar prompts o documentos textuales y producir resultados altamente sofisticados y personalizados. Este capítulo explora la evolución de estas tecnologías, destacando cómo transforman industrias y crean oportunidades para innovaciones disruptivas.

Las plataformas de IA generativa se basan en modelos de aprendizaje profundo, como las redes neuronales convolucionales (CNN) para tareas visuales y las redes neuronales recurrentes (RNN) o Transformers para procesamiento del lenguaje. Estos modelos son entrenados con grandes conjuntos de datos para aprender patrones complejos y realizar tareas de generación de contenido con un nivel de detalle y precisión que se acerca al trabajo humano.

El PLN permite a las plataformas de IA comprender y generar texto humano de manera coherente. Este componente es esencial para traducir prompts complejos en acciones específicas que los modelos de generación pueden ejecutar, como traducir un documento o diseñar una presentación basada en un resumen ejecutivo.

Plataformas como DALL-E y Stable Diffusion están democratizando el acceso a la creación de arte y diseño gráfico de alta calidad, permitiendo a usuarios sin formación técnica generar imágenes creativas y únicas para uso personal o comercial.

Herramientas como Beautiful.AI y otras plataformas basadas en IA están transformando la forma en que se diseñan presentaciones y otros contenidos visuales, haciendo el proceso mucho más rápido y adaptado a las necesidades específicas del usuario.

La IA también está revolucionando el campo de la traducción y localización, ofreciendo servicios rápidos y precisos que ayudan a las empresas a comunicarse efectivamente en mercados globales sin la barrera del idioma.

A pesar de los avances, la precisión y la confiabilidad siguen siendo desafíos importantes en la IA generativa. Los errores en la generación automática pueden llevar a malentendidos o resultados no deseados, especialmente en contextos críticos como la medicina o el derecho.

Los algoritmos de IA pueden perpetuar o incluso exacerbar sesgos preexistentes si no se gestionan cuidadosamente. Es esencial que los desarrolladores de estas plataformas implementen medidas para detectar y mitigar sesgos en los modelos de generación.

Las plataformas de IA generativa están estableciendo un nuevo paradigma en la creación y gestión de contenido digital. A medida que estas tecnologías avanzan, se espera que su aplicación se expanda aún más, ofreciendo herramientas más robustas y versátiles que continúen transformando industrias. Sin embargo, es vital que el desarrollo de estas tecnologías se acompañe de una consideración cuidadosa de las implicaciones éticas y prácticas. El futuro de la IA generativa dependerá no solo de innovaciones tecnológicas, sino también de la capacidad de la sociedad para integrar estas herramientas de manera justa y responsable.

La IA generativa está democratizando el acceso a herramientas creativas y técnicas avanzadas que antes eran exclusivas de profesionales con formación específica o recursos sustanciales. Plataformas como Canva, que integran elementos de IA para el diseño gráfico, permiten a individuos y pequeñas empresas crear materiales de marketing, presentaciones y contenido visual a un nivel profesional con mínima inversión inicial.

En el ámbito educativo, la IA generativa tiene el potencial de personalizar el aprendizaje según las necesidades de cada estudiante. Herramientas que pueden crear contenido educativo adaptado a diferentes estilos de aprendizaje, capacidades y ritmos, prometen transformar la educación haciéndola más inclusiva y efectiva.

Al eliminar algunas de las barreras técnicas más complejas, la IA generativa permite a los usuarios centrarse en la innovación y la creatividad pura. Esto puede llevar a una exploración más profunda y original en campos como el arte, la escritura y el diseño, donde la capacidad de experimentar rápidamente con ideas puede conducir a descubrimientos y expresiones artísticas únicas.

A medida que adoptamos la IA generativa, también debemos considerar su impacto en la sostenibilidad ambiental. El entrenamiento de modelos de IA consume una cantidad significativa de recursos computacionales y energía. Es esencial desarrollar prácticas más eficientes y menos intensivas en recursos para asegurar que el avance de la IA no contrarreste los esfuerzos globales hacia la sostenibilidad.

Las empresas que desarrollan y utilizan IA generativa deben adherirse a estándares éticos estrictos para garantizar que su uso beneficie a la sociedad en general. Esto incluye ser transparentes sobre cómo funcionan estas herramientas, los datos que utilizan, y cómo estos datos son manejados y protegidos.

El futuro de las plataformas de IA generativa está lleno de potencial tanto para transformar sectores enteros como para mejorar la vida diaria de las personas. A medida que estas tecnologías se desarrollan, es imperativo que se haga con una consideración cuidadosa de las implicaciones éticas, sociales y ambientales. El equilibrio entre innovación y responsabilidad será clave para garantizar que el avance de la IA generativa continúe siendo una fuerza positiva en la sociedad. Con el compromiso adecuado de todas las partes interesadas, podemos asegurar que estas tecnologías no solo fomenten la creatividad y eficiencia, sino que también promuevan una sociedad más justa y sostenible.

PRUEBA DE AUTOEVALUACIÓN

Preguntas tipo test

1. *¿Cuál es una de las capacidades destacadas de ChatGTP?*

   a) *Generación de gráficos*

   b) *Generación de texto coherente y relevante*

   c) *Análisis financiero*

2. *¿Qué permite a ChatGTP ofrecer una experiencia de usuario más satisfactoria en interacciones prolongadas?*

   a) *Generación de imágenes*

   b) *Comprensión y mantenimiento del contexto*

   c) *Análisis de sentimientos*

3. *¿En qué sector puede ChatGTP generar textos publicitarios persuasivos?*

   a) *Educación*

   b) *Marketing*

   c) *Salud*

4. *¿Qué permite a ChatGTP proporcionar respuestas precisas y detalladas en el sector de la salud?*

   a) *Entrenamiento con información médica específica*

   b) *Generación de imágenes médicas*

   c) *Análisis financiero*

5. *¿Qué avance tecnológico revolucionó el campo del procesamiento de lenguaje natural en 2017?*

   a) *Creación de ELIZA*

b) *Introducción de la arquitectura de transformadores*

c) *Victoria de Deep Blue sobre Garry Kasparov*

6. *¿Qué técnica de la ingeniería de prompts mejora la calidad de las respuestas generadas por ChatGTP?*

a) *Uso de lenguaje ambiguo*

b) *Desglose de preguntas complejas*

c) *Generación de texto largo*

7. *¿Qué plataforma permite crear imágenes artísticas a partir de descripciones textuales detalladas?*

a) *ChatGTP*

b) *DALL-E*

c) *ELIZA*

8. *¿Qué herramienta permite ajustar detalles específicos como la iluminación en las imágenes generadas?*

a) *MidJourney*

b) *ChatGTP*

c) *DeepBlue*

9. *¿Qué técnica utiliza Stable Diffusion para generar imágenes fotorealistas?*

a) *Redes neuronales convolucionales*

b) *Procesamiento de lenguaje natural*

c) *Aprendizaje supervisado*

10. *¿Qué es esencial para mejorar la interacción con modelos de lenguaje como ChatGTP?*

a) *Uso de ejemplos claros*

b) *Generación de imágenes*

c) *Análisis de datos financieros*

Frases con un hueco para una palabra

1. *ChatGTP puede generar texto _____ a partir de una entrada dada.*

2. *La _____ de ChatGTP permite aplicaciones en marketing, educación y entretenimiento.*

3. *La _____ de prompts es esencial para mejorar la calidad de las respuestas generadas por ChatGTP.*

4. *MidJourney permite la _____ de imágenes a partir de descripciones textuales.*

5. *La generación de imágenes fotorealistas con Stable Diffusion utiliza redes neuronales _____ .*

Preguntas cortas de desarrollo

1. *Describe brevemente las funcionalidades y características principales de ChatGTP.*

2. *Explica cómo la versatilidad y adaptabilidad de ChatGTP influyen en sus aplicaciones en diferentes sectores.*

3. *Analiza la importancia de la ingeniería de prompts para mejorar la interacción con modelos de lenguaje como ChatGTP.*

4. *Discute las ventajas y limitaciones de MidJourney en la creación de imágenes personalizadas.*

5. *Reflexiona sobre los desafíos éticos y técnicos relacionados con el uso de IA para la generación de imágenes artísticas.*

RESPUESTAS

Preguntas tipo test

1. *b) Generación de texto coherente y relevante*

2. *b) Comprensión y mantenimiento del contexto*

3. *b) Marketing*

4. *a) Entrenamiento con información médica específica*

5. *b) Introducción de la arquitectura de transformadores*

6. *b) Desglose de preguntas complejas*

7. *b) DALL-E*

8. *a) MidJourney*

9. *a) Redes neuronales convolucionales*

10. *a) Uso de ejemplos claros*

Frases con hueco

1. *coherente*

2. *versatilidad*

3. *ingeniería*

4. *creación*

5. *convolucionales*

Preguntas cortas de desarrollo

1. *Describe brevemente las funcionalidades y características principales de ChatGTP.*

   ChatGTP es una herramienta avanzada de Inteligencia Artificial que destaca por su capacidad de generar texto coherente y relevante a partir de una entrada dada. Sus principales funcionalidades incluyen la generación de respuestas contextualmente apropiadas y estilísticamente adecuadas, lo que es útil en aplicaciones de atención al cliente y creación de contenido. Además, ChatGTP tiene la capacidad de mantener el contexto de una conversación a lo largo de múltiples intercambios, lo que permite interacciones más fluidas y naturales.

2. *Explica cómo la versatilidad y adaptabilidad de ChatGTP influyen en sus aplicaciones en diferentes sectores.*

   La versatilidad y adaptabilidad de ChatGTP le permiten ser aplicable en una amplia gama de sectores. En marketing, puede generar textos publicitarios persuasivos y contenido para redes sociales. En educación, puede crear materiales didácticos personalizados y responder preguntas de estudiantes. En entretenimiento, puede escribir guiones para juegos, películas y series, y generar contenido interactivo para aplicaciones digitales. Esta capacidad de adaptación se logra mediante la personalización del modelo según las necesidades específicas del usuario o del negocio.

3. *Analiza la importancia de la ingeniería de prompts para mejorar la interacción con modelos de lenguaje como ChatGTP.*

   La ingeniería de prompts es esencial para maximizar la claridad, precisión y relevancia de las respuestas generadas por ChatGTP. Un prompt bien diseñado puede guiar al modelo hacia una respuesta precisa y útil, mientras que un prompt mal formulado puede resultar en respuestas ambiguas o irrelevantes. Técnicas como el uso de lenguaje claro y directo, la especificación de contexto y detalles, y la inclusión de ejemplos claros son esenciales para mejorar la calidad de la interacción y asegurar que las respuestas se alineen con las necesidades y expectativas del usuario.

4. *Discute las ventajas y limitaciones de MidJourney en la creación de imágenes personalizadas.*

MidJourney ofrece numerosas ventajas en la creación de imágenes personalizadas, como la capacidad de interpretar y materializar conceptos visuales a partir de descripciones textuales detalladas. Permite realizar ajustes específicos en las imágenes generadas, como la iluminación y el estilo artístico, y facilita la exportación de imágenes en diversos formatos. Sin embargo, también presenta limitaciones, como la dependencia de la calidad del prompt y la falta de control completo sobre cada detalle de la imagen generada. Además, la generación de imágenes de alta calidad puede requerir recursos computacionales significativos.

5. *Reflexiona sobre los desafíos éticos y técnicos relacionados con el uso de IA para la generación de imágenes artísticas.*

El uso de IA para la generación de imágenes artísticas plantea varios desafíos éticos y técnicos. En términos de ética, es importante considerar cuestiones como la originalidad y la propiedad intelectual de las imágenes generadas, así como evitar sesgos en los algoritmos que puedan afectar la equidad en la generación de contenido. Desde una perspectiva técnica, asegurar la precisión y fidelidad de las imágenes generadas es esencial, especialmente en aplicaciones críticas. Además, se deben abordar las preocupaciones sobre la privacidad y seguridad de los datos utilizados en el entrenamiento de los modelos de IA.

3

GENERACIÓN DE SONIDO, VÍDEO E IMAGEN EN MOVIMIENTO

3.1 IDENTIFICACIÓN Y DOMINIO DE DIFERENTES PLATAFORMAS DE IA GENERATIVA PARA LA CREACIÓN Y MANEJO DE AUDIO

La tecnología de Inteligencia Artificial (IA) ha revolucionado la creación y manejo de audio, ofreciendo herramientas avanzadas que facilitan desde la conversión de texto a voz hasta la creación de música y la generación de conversaciones. Estas plataformas no solo mejoran la accesibilidad y eficiencia, sino que también permiten a los usuarios explorar nuevas fronteras en la creatividad y la comunicación.

3.1.1 Text to speech

La tecnología de Texto a Voz (TTS) convierte texto escrito en habla audible. Esta tecnología ha evolucionado significativamente desde sus inicios, con las primeras implementaciones basadas en síntesis formántica hasta las modernas soluciones impulsadas por Inteligencia Artificial que producen voces casi indistinguibles de las humanas. TTS es fundamental en una variedad de aplicaciones, facilitando la accesibilidad, mejorando las interfaces de usuario y permitiendo la comunicación en situaciones donde la lectura de texto no es posible.

Los sistemas TTS modernos se componen de varios elementos técnicos esenciales: análisis de texto, procesamiento del lenguaje natural, y la síntesis de habla propiamente dicha, que incluye desde la conversión del texto a una representación fonética hasta la generación del sonido final. Estos sistemas utilizan técnicas avanzadas como redes neuronales profundas para mejorar la naturalidad y la comprensión del contexto del texto.

La síntesis de voz puede lograrse a través de diferentes modelos y técnicas, cada uno ofreciendo distintos niveles de naturalidad y personalización. Los modelos concatenativos, que unen sonidos grabados, han dado paso a los modelos paramétricos y, más recientemente, a los impulsados por IA como WaveNet y Tacotron, que generan habla directamente de modelos entrenados en grandes datasets de audio.

ⓘ Ejemplo

WaveNet, desarrollado por Google DeepMind, utiliza una red neuronal que aprende las características de la voz humana de grabaciones reales, permitiendo generar habla que capta emociones y entonaciones de manera efectiva.

La capacidad para personalizar la voz generada, incluyendo el tono, el acento, el género y la emoción, es una de las ventajas más significativas de los modernos sistemas TTS. Esto es especialmente útil en aplicaciones que requieren una conexión más personal con el usuario, como asistentes virtuales y aplicaciones educativas.

ⓘ Ejemplo

Empresas que implementan asistentes virtuales pueden configurar el TTS para que la voz del asistente refleje la marca y el mercado objetivo, como un tono amigable y relajado para una app de mindfulness.

La integridad del mensaje en TTS implica claridad en la pronunciación, correcta entonación para representar preguntas, exclamaciones y otros modos de habla y manejo adecuado de abreviaturas, siglas y contextos específicos.

ⓘ Ejemplo

Sistemas de navegación GPS que utilizan TTS para comunicar direcciones de manera clara y precisa, ajustando el tono y la velocidad del habla en función de la urgencia y la naturaleza de las instrucciones.

La tecnología de Texto a Voz (TTS) es fundamental para mejorar la accesibilidad, particularmente para personas con discapacidades visuales o dificultades de lectura, permitiéndoles acceder a textos escritos de manera audible. Además, TTS resulta valiosa en situaciones donde la lectura visual no es práctica, como durante la conducción o el ejercicio. Por ejemplo, los lectores de pantalla emplean TTS para ayudar a las personas con discapacidades visuales a navegar por internet y leer documentos, facilitando su acceso a la información.

En el ámbito educativo, TTS desempeña un papel significativo al facilitar el aprendizaje de idiomas y la lectura. Permite a los estudiantes escuchar textos leídos en voz alta, lo que mejora la comprensión y retención de la información. Un ejemplo práctico de esta aplicación son las plataformas de aprendizaje de idiomas que utilizan TTS para proporcionar ejemplos de pronunciación correcta, ayudando a los estudiantes a practicar la escucha y el habla de manera efectiva.

Además, la automatización de servicios al cliente es otro campo donde TTS tiene un impacto notable. Los sistemas de Respuesta de Voz Interactiva (IVR) y otros servicios de atención al cliente utilizan TTS para proporcionar información y resolver consultas de manera eficiente sin intervención humana. Por ejemplo, los centros de llamadas automatizados emplean TTS para interactuar con los clientes, ofreciendo respuestas inmediatas a preguntas comunes y liberando a los agentes humanos para que puedan dedicarse a tareas más complejas.

3.1.2 Speech to text

El reconocimiento de voz, comúnmente conocido como Speech to Text (STT), es una tecnología que convierte el habla en texto escrito. Este avance tecnológico ha ganado popularidad en una variedad de aplicaciones, desde asistentes virtuales hasta sistemas de dictado y soluciones de accesibilidad. El STT utiliza técnicas de procesamiento de lenguaje natural (PLN) y modelos de aprendizaje automático para interpretar y transcribir el lenguaje humano con precisión, transformando la interacción entre humanos y máquinas y facilitando comunicaciones más efectivas y accesibles.

El proceso de conversión de voz a texto (STT) comienza con la captura de audio y su digitalización. Una vez digitalizado, el sonido se procesa mediante algoritmos complejos que identifican patrones de lenguaje. Estos algoritmos, basados en extensos conjuntos de datos de habla humana, pueden distinguir entre palabras, frases, entonaciones y otros elementos del habla.

En la siguiente tabla se exponen algunas herramientas de conversión de voz a texto y sus características:

Herramienta	Descripción	Características	Plataforma
Google Speech-to-Text	API de transcripción en tiempo real o desde archivos de audio	Reconocimiento en múltiples idiomas, manejo de diferentes acentos, personalización del modelo	Basada en la nube
Microsoft Azure Speech	Servicio de conversión de voz a texto de Microsoft Azure	Soporte para múltiples idiomas y dialectos, integración con otras herramientas de Azure	Basada en la nube
IBM Watson Speech to Text	Herramienta de IBM que convierte la voz en texto	Alta precisión, capacidad de entrenar modelos personalizados, soporte para múltiples idiomas	Basada en la nube
Amazon Transcribe	Servicio de Amazon Web Services para convertir habla en texto	Transcripción en tiempo real y de archivos de audio, soporte para múltiples idiomas	Basada en la nube
Apple Dictation	Herramienta de dictado integrada en dispositivos Apple	Reconocimiento de voz en varios idiomas, integración con el ecosistema Apple, uso sin conexión	iOS y macOS
Dragon NaturallySpeaking	Software de reconocimiento de voz de Nuance	Alta precisión, comandos de voz para control del sistema, transcripción de archivos de audio	Windows y macOS
Otter.ai	Herramienta de transcripción automática de conversaciones	Transcripción en tiempo real, integración con servicios de videoconferencia, colaboración en transcripciones	Basada en la web y aplicaciones móviles
Rev	Servicio de transcripción automatizada y manual	Transcripción rápida y precisa, soporte para múltiples formatos de archivo, integración con varias plataformas	Basada en la web

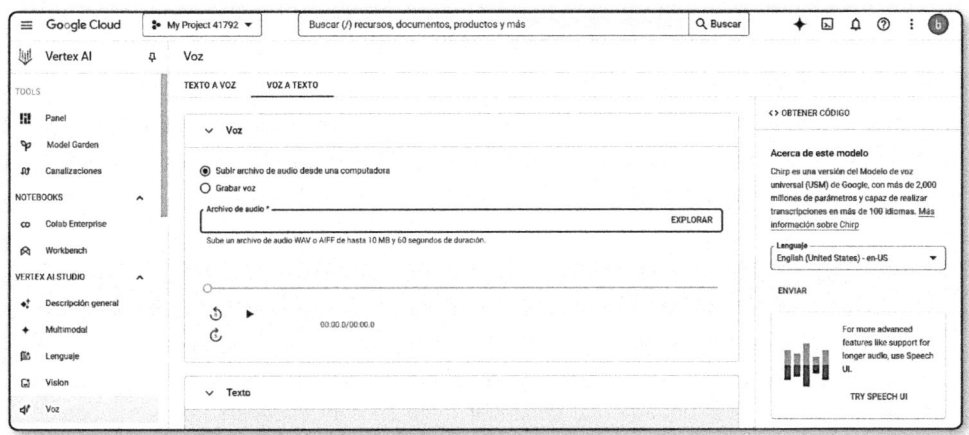

Fuente: captura de pantalla de la interfaz de Google Cloud Vertex AI, sección de Voz a Texto.

El reconocimiento de voz moderno depende en gran medida de los modelos de aprendizaje profundo, especialmente de las redes neuronales recurrentes (RNN) y las redes neuronales convolucionales (CNN), que han demostrado ser eficaces en el reconocimiento y análisis de secuencias temporales de datos como el audio. Modelos como DeepSpeech de Mozilla y WaveNet de Google son ejemplos prominentes de cómo estas tecnologías pueden implementarse para mejorar la precisión del reconocimiento de voz.

Los asistentes virtuales como Siri, Alexa y Google Assistant utilizan STT para interpretar comandos de voz y realizar acciones basadas en ellos. Estos sistemas han revolucionado la manera en que interactuamos con nuestros dispositivos, permitiendo un control manos libres y ofreciendo asistencia en tiempo real para tareas diarias. Por ejemplo, un usuario puede pedir a su asistente virtual que le recuerde tomar su medicamento a las 8 p.m. diariamente. El asistente procesa esta solicitud a través de STT, configura el recordatorio y notifica al usuario en el momento adecuado.

El STT también es una herramienta esencial para mejorar la accesibilidad, especialmente para personas con discapacidades visuales o motrices. Permite a los usuarios interactuar con la tecnología y acceder a información digital sin necesidad de usar un teclado o una pantalla. Un ejemplo práctico es un sistema de STT integrado en un lector de pantalla, que ayuda a una persona ciega a navegar por internet leyendo en voz alta el texto que aparece en la pantalla y permitiendo al usuario dictar respuestas y comandos.

Otra aplicación valiosa del STT es la transcripción automática de conferencias, reuniones y clases. Esta funcionalidad facilita la documentación y revisión de eventos grabados, permitiendo a los usuarios acceder a información escrita de discursos y presentaciones. Por ejemplo, durante una conferencia médica, un sistema de STT puede transcribir todas las ponencias en tiempo real, proporcionando a los asistentes y a aquellos que no pudieron asistir acceso inmediato a la información discutida.

ⓘ Nota

A pesar de los avances en STT, la precisión bajo condiciones no ideales, como la presencia de ruido de fondo significativo o la variedad de acentos y dialectos, sigue siendo un desafío. Es fundamental continuar mejorando la capacidad de los modelos para manejar estas variables para incrementar la utilidad general de la tecnología.

3.1.3 Creación de música

La creación de música mediante Inteligencia Artificial (IA) representa una de las aplicaciones más innovadoras y expresivas de la tecnología moderna. Utilizando algoritmos avanzados y aprendizaje automático, las plataformas de IA pueden componer música que abarca desde melodías simples hasta complejas composiciones orquestales. Esta tecnología no solo asiste a músicos y compositores en su trabajo creativo, sino que también democratiza la creación musical, permitiendo a individuos sin formación musical explorar sus propias capacidades creativas.

A continuación, se exponen tres herramientas de Inteligencia Artificial para la creación de música:

1. **Amper Music**

    Amper Music es una plataforma de creación musical que utiliza IA para componer piezas musicales en diferentes géneros y estilos.

    Características:

    - Composición automática de música según el género y estilo seleccionado.

    - Personalización de instrumentos y tempo.

    - Exportación de archivos de audio.

    - Plataforma: basada en la web.

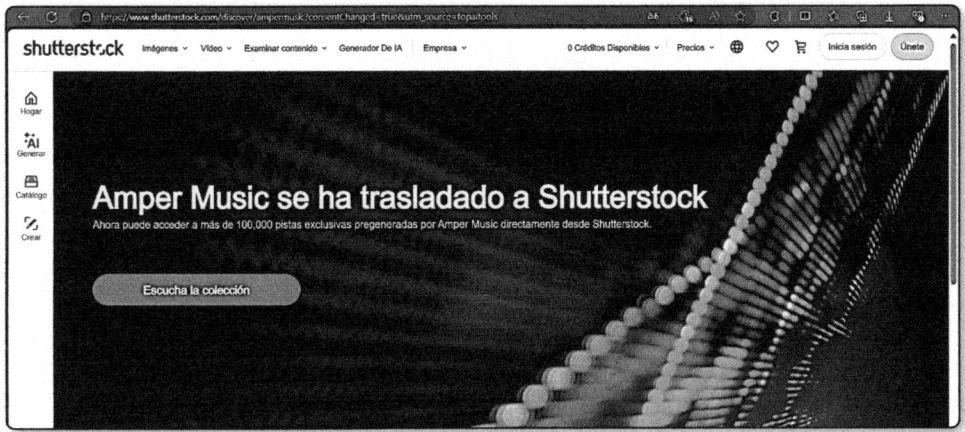

Fuente: captura de pantalla de la página de Amper Music en Shutterstock.

2. **Soundraw**

Soundraw es una herramienta que permite a los usuarios crear música original utilizando IA, ofreciendo personalización en la composición.

Fuente: captura de pantalla de la página principal de Soundraw.io.

Características:

- Generación de música en tiempo real.

- Personalización de duración, tempo, y tono.

- Selección de diferentes estilos y géneros musicales.

- Plataforma: basada en la web.

3. **Ecrett Music**

Ecrett Music es una herramienta de IA que facilita la creación de música para videos, videojuegos y otros contenidos.

Fuente: captura de pantalla de la página principal de ecrettmusic.com.

Características:

- Generación automática de música según la escena y el ambiente deseado.

- Opciones de personalización para ajustar la composición.

- Exportación de música en formato de archivo de audio.

- Plataforma: basada en la web.

Los modelos de aprendizaje profundo son fundamentales en las herramientas de creación musical con Inteligencia Artificial (IA). Las redes neuronales recurrentes (RNN), capaces de aprender patrones en secuencias de datos, se entrenan con grandes conjuntos de datos musicales para comprender estructuras de acordes, progresiones y estilos de diversos géneros. Un ejemplo práctico es una plataforma de IA que utiliza RNN para analizar partituras de música barroca y generar nuevas composiciones que imitan el estilo de Johann Sebastian Bach.

La síntesis de sonido en la música generada por IA implica la creación de sonidos únicos a partir de modelos digitales que pueden emular instrumentos acústicos o crear timbres completamente nuevos. Esta técnica es clave para dotar a la música creada por IA de una calidad expresiva y emotiva comparable a la de las interpretaciones humanas. Por ejemplo, un software de IA desarrollado para la producción musical electrónica emplea técnicas avanzadas de síntesis para crear texturas sonoras únicas, difíciles de lograr con instrumentos tradicionales o sintetizadores analógicos.

La IA puede servir como herramienta de asistencia en la composición musical, proporcionando sugerencias de acordes, melodías y texturas que complementan el trabajo original del artista, acelerando así el proceso creativo y ofreciendo nuevas perspectivas musicales. Un ejemplo práctico es un compositor que utiliza una aplicación de IA para generar acompañamientos de piano para sus canciones, enriqueciendo sus composiciones con armonías complejas y variadas sugeridas por la IA.

En el ámbito educativo, las plataformas de IA están transformando la enseñanza musical, permitiendo a los estudiantes aprender y practicar con acompañamientos musicales generados en tiempo real que se adaptan a su nivel de habilidad y estilo de aprendizaje. Un ejemplo de esta aplicación es una aplicación de enseñanza musical basada en IA que crea ejercicios y minijuegos personalizados para estudiantes de piano, ajustando la dificultad y el estilo de la música en función del progreso observado en el estudiante.

La producción musical automatizada es otra área donde la IA tiene un impacto significativo, especialmente en la industria del entretenimiento. La IA se utiliza para generar automáticamente bandas sonoras para juegos, películas y anuncios, personalizando la música para ajustarse a la narrativa visual sin la intervención constante de un compositor humano. Un estudio de desarrollo de videojuegos, por ejemplo, emplea IA para crear música ambiental dinámica que cambia en respuesta a las acciones del jugador, mejorando la inmersión y la experiencia del usuario.

Uno de los principales debates en torno a la creación de música mediante IA es la cuestión de la autenticidad y la expresión artística personal. Aunque la IA puede producir música que suena agradable, algunos críticos argumentan que carece de la "alma" y la profundidad emocional que los músicos humanos aportan a sus composiciones.

3.1.4 Generación de conversaciones

La generación de conversaciones mediante Inteligencia Artificial (IA) se refiere al uso de tecnologías avanzadas para crear diálogos automáticos que simulan conversaciones humanas. Esta área de la IA, que forma parte del campo más amplio del procesamiento del lenguaje natural (PLN), ha experimentado un crecimiento significativo gracias a los avances en modelos de aprendizaje profundo como GPT (Generative Pre-trained Transformer) y BERT (Bidirectional Encoder Representations from Transformers). Estos modelos no solo responden a consultas con información relevante, sino que también pueden mantener el contexto de una conversación a lo largo de múltiples intercambios, haciendo las interacciones más naturales y humanas.

Las primeras aplicaciones de la generación de conversaciones se centraron en funciones simples como sistemas de respuesta a preguntas y asistentes virtuales básicos. Con el tiempo, estas capacidades se han expandido enormemente, permitiendo aplicaciones en servicio al cliente, terapia digital, educación, y entretenimiento, entre otros. La capacidad de las IA conversacionales para aprender de interacciones previas y adaptar sus respuestas ha transformado la forma en que las empresas y los consumidores interactúan con la tecnología.

Los modelos de lenguaje neuronal, como GPT-3, utilizan millones de parámetros para predecir la siguiente palabra en una secuencia, permitiendo generar texto que sigue coherentemente desde el dado. Estos modelos son entrenados en una diversidad de textos de internet, lo que les permite tener una base de conocimiento amplia y variada.

ⓘ **Ejemplo**

Un asistente virtual que utiliza GPT-3 para responder a preguntas de clientes sobre productos en un sitio web de comercio electrónico, proporcionando respuestas detalladas y sugerencias personalizadas basadas en el historial de compras del cliente.

Para que la generación de conversaciones sea efectiva en aplicaciones de voz, es esencial integrar tecnologías de reconocimiento de voz que convierten el habla del usuario en texto y tecnologías de síntesis de voz que convierten las respuestas de la IA de texto a habla. Estas tecnologías permiten una interacción fluida y natural, esencial para aplicaciones como asistentes personales y sistemas de ayuda telefónica.

ⓘ **Ejemplo**

Sistemas de asistencia en coches que utilizan reconocimiento y síntesis de voz para permitir a los conductores controlar funciones del vehículo o recibir direcciones de navegación mediante comandos de voz, sin necesidad de retirar las manos del volante.

El aprendizaje reforzado permite a los sistemas de IA aprender de las interacciones con los usuarios y mejorar sus respuestas futuras basadas en el feedback recibido. Además, la adaptación contextual implica ajustar las respuestas de la IA según el contexto específico de la conversación o el perfil del usuario, mejorando la relevancia y precisión de las interacciones.

ⓘ **Ejemplo**

Un chatbot de servicio al cliente que aprende a reconocer las consultas frecuentes durante lanzamientos de productos nuevos y ajusta sus respuestas para ofrecer información actualizada y específica sobre disponibilidad, especificaciones y opciones de soporte.

Los chatbots impulsados por IA son cada vez más comunes en el servicio al cliente, donde pueden gestionar simultáneamente múltiples interacciones con clientes, resolviendo problemas comunes y escalando situaciones más complejas a agentes humanos.

> ⓘ **Ejemplo**
>
> Una aerolínea que implementa un sistema de chatbot para manejar preguntas frecuentes sobre equipaje, reservas y políticas de vuelo, reduciendo el tiempo de espera para los clientes y liberando a los empleados para que se concentren en tareas que requieren un enfoque más personal.

La IA conversacional también se está explorando como una herramienta en el campo de la salud mental, donde puede proporcionar primeros auxilios psicológicos o apoyo continuo en situaciones donde los terapeutas humanos no están disponibles.

> ⓘ **Ejemplo**
>
> Un bot de terapia que ofrece conversaciones de apoyo para personas que experimentan ansiedad o depresión, guiándolas a través de técnicas de respiración o proporcionando información sobre recursos de salud mental.

En educación, los chatbots pueden funcionar como tutores virtuales, proporcionando explicaciones personalizadas, respondiendo preguntas y ayudando con la revisión de conceptos y la preparación de exámenes.

> ⓘ **Ejemplo**
>
> Una plataforma de aprendizaje en línea que utiliza chatbots para ayudar a los estudiantes a aprender un nuevo idioma, practicando conversación y corrigiendo errores en tiempo real.

La evolución continua de los modelos de Procesamiento de Lenguaje Natural promete elevar aún más las capacidades de las IA conversacionales. Los investigadores están trabajando en la próxima generación de modelos que podrán gestionar mejor las ambigüedades del lenguaje, entender matices más sutiles y ofrecer respuestas que reflejen un mayor entendimiento del contexto emocional y cultural.

> ⓘ **Ejemplo**
>
> Desarrolladores están explorando modelos que pueden detectar el tono emocional de la entrada del usuario para ajustar el tono de la respuesta de la IA, mejorando la empatía y efectividad de las conversaciones en contextos de servicio al cliente o asistencia personal.

Mientras que las interacciones actuales con IA conversacional son predominantemente textuales o de voz, la futura integración de modalidades visuales y táctiles abrirá nuevas vías para interacciones más ricas y dinámicas. La IA conversacional podrá no solo responder en texto o voz, sino también utilizar expresiones faciales, gestos y otros tipos de comunicación no verbal para enriquecer la experiencia de conversación.

> ⓘ **Ejemplo**
>
> Un asistente virtual en un dispositivo doméstico inteligente podría no solo responder verbalmente sino también proporcionar feedback visual a través de una pantalla, mostrando expresiones faciales o gestos que complementan la respuesta verbal, haciendo la interacción más natural y comprensible.

La IA conversacional tiene el potencial de romper barreras lingüísticas y culturales, haciendo la información y los servicios accesibles para una audiencia global. Con la capacidad de traducir y adaptar las conversaciones en tiempo real, estos sistemas pueden ayudar a conectar a personas de diferentes partes del mundo, fomentando una mayor comprensión y colaboración internacional.

> ⓘ **Ejemplo**
>
> Una plataforma educativa que utiliza IA conversacional para proporcionar tutoría en múltiples idiomas, permitiendo a estudiantes de todo el mundo acceder a instrucción personalizada en su propio idioma y según su propio contexto cultural.

Las IA conversacionales están destinadas a transformar los espacios de trabajo al automatizar tareas rutinarias de comunicación y administración, permitiendo a los empleados concentrarse en actividades más estratégicas y creativas. Esto aumenta la eficiencia y mejora la satisfacción laboral al reducir la carga de tareas repetitivas.

> **ⓘ Ejemplo**
>
> Un sistema de IA en un entorno corporativo que maneja automáticamente la programación de reuniones responde a preguntas frecuentes de los empleados y facilita la gestión de proyectos al mantener a todos informados sobre actualizaciones y cambios.

A medida que avanzamos hacia un futuro cada vez más digitalizado, la generación de conversaciones mediante IA se posiciona como un componente esencial en la interacción humana-ordenador. Abarcando desde la mejora de la accesibilidad hasta la transformación de las industrias, la influencia de esta tecnología continuará expandiéndose. Es imperativo, sin embargo, que su desarrollo se guíe por principios éticos sólidos y un compromiso con la mejora de la sociedad. La colaboración entre tecnólogos, legisladores, y usuarios finales será vital para asegurar que la generación de conversaciones por IA no solo sea avanzada tecnológicamente, sino también inclusiva, justa y beneficiosa para todos.

3.2 IDENTIFICACIÓN Y UTILIZACIÓN DE HERRAMIENTAS DE IA PARA LA CREACIÓN DE VÍDEOS

La generación y edición de vídeos mediante Inteligencia Artificial representa un salto significativo en la producción de contenido multimedia. Las herramientas de IA permiten transformar texto en secuencias visuales, eliminar elementos no deseados, y convertir imágenes estáticas en vídeos dinámicos. Esta tecnología abre un abanico de posibilidades para diversas industrias, incluyendo marketing, educación y entretenimiento.

3.2.1 Generar vídeos desde texto

La generación de vídeos a partir de texto es un campo emergente en la intersección del procesamiento del lenguaje natural (PLN) y la Inteligencia Artificial (IA) que permite transformar descripciones escritas en secuencias visuales completas. Esta tecnología captura la imaginación al posibilitar la creación automática de contenido multimedia que hasta hace poco requería intervención humana detallada y habilidades especializadas en animación y edición de vídeo.

La generación de vídeos desde texto involucra el uso de algoritmos avanzados para interpretar texto escrito y convertirlo en contenido visual, como escenas animadas o simulaciones. Este proceso no solo incluye la conversión de palabras a imágenes, sino también la integración de elementos como el tiempo, el movimiento y la transición para crear una narrativa visual cohesiva.

La capacidad de generar automáticamente contenido visual a partir de texto tiene implicaciones profundas para numerosos sectores, incluyendo educación, marketing, entretenimiento y más. Permite a las empresas y educadores producir material didáctico y promocional de manera rápida y coste-efectiva, democratizando la producción de medios y permitiendo una personalización masiva del contenido visual.

A continuación, se exponen tres herramientas de Inteligencia Artificial para generar videos a partir de texto:

1. **Lumen5**

    Lumen5 es una herramienta que convierte automáticamente el texto en videos utilizando Inteligencia Artificial, ideal para crear contenido para redes sociales, blogs y marketing.

Fuente: captura de pantalla de la página principal de lumen5.com

Características:

- Generación de videos a partir de artículos, blogs o guiones.

- Amplia biblioteca de medios con imágenes, videos y música.

- Personalización de temas, estilos y formatos de video.

- Plataforma: basada en la web.

2. **Pictory**

Pictory permite a los usuarios convertir textos largos en videos cortos y atractivos. Utiliza IA para identificar los puntos clave del texto y crear videos informativos y de marketing.

Fuente: captura de pantalla de la página principal de Pictory.

Características:

- Generación automática de guiones de video a partir de texto.

- Edición de video basada en la nube con herramientas de arrastrar y soltar.

- Amplia selección de plantillas y recursos multimedia.

- Plataforma: basada en la web.

3. **Synthesia**

Synthesia utiliza Inteligencia Artificial para crear videos generados a partir de texto con avatares virtuales que narran el contenido, ideal para presentaciones y tutoriales.

Fuente: captura de pantalla de la página principal de Synthesia.

Características:

- Creación de videos con avatares que narran el texto escrito.
- Soporte para múltiples idiomas, incluido el español.
- Personalización de avatares, fondos y estilos de video.
- Plataforma: basada en la web.

El procesamiento de lenguaje natural (PLN) es esencial para interpretar el texto de entrada y convertirlo en elementos visuales. Modelos de lenguaje como GPT-3 y BERT extraen el significado y la intención detrás del texto, facilitando la creación del vídeo. Este proceso incluye la extracción de conceptos y entidades, donde se identifican personajes, objetos y acciones descritas en el texto, y el análisis de sentimientos y tonalidad, que determina el tono emocional del vídeo, ya sea alegre, triste o dramático.

En la creación de imágenes, la Inteligencia Artificial utiliza modelos generativos como las redes generativas adversarias (GANs) y los autoencoders variacionales (VAEs). Estos modelos diseñan escenarios y personajes basados en las descripciones y acciones del texto. Además, los algoritmos no solo crean imágenes estáticas, sino que también animan personajes y objetos para producir secuencias de vídeo dinámicas.

La transformación de texto en vídeo requiere una integración cuidadosa de audio, visuales y texto para asegurar la coherencia y efectividad narrativa del vídeo final. Esto incluye la sincronización de audio y diálogos, con tecnologías que generan diálogos sincronizados con el movimiento de los labios de los personajes y efectos sonoros que coinciden con las acciones en pantalla. También se utilizan técnicas de edición para suavizar las transiciones entre escenas y agregar efectos especiales que enriquecen la narrativa visual.

En marketing y publicidad, la generación automática de vídeos permite a las empresas crear anuncios personalizados a gran escala a partir de descripciones de productos o testimonios de clientes, reduciendo costos de producción y permitiendo una segmentación y personalización del contenido más detallada. Un ejemplo es cómo las empresas utilizan esta tecnología para adaptar sus mensajes a diferentes audiencias, mejorando la efectividad de sus campañas publicitarias.

En el ámbito educativo, convertir textos de lecciones en vídeos interactivos puede captar mejor la atención de los estudiantes y facilitar la comprensión de conceptos complejos. Los educadores pueden transformar libros de texto en lecciones visuales más atractivas y accesibles para estudiantes de todas las edades, creando material didáctico dinámico.

En entretenimiento, la capacidad de generar rápidamente secuencias de vídeo a partir de guiones escritos está revolucionando la creación de contenido, permitiendo mayor experimentación y creatividad. Los creadores independientes pueden utilizar la IA para producir cortometrajes o series web con presupuestos limitados, facilitando la producción de contenido a bajo costo.

A pesar de los avances tecnológicos, la generación de vídeos desde texto enfrenta desafíos relacionados con la coherencia de las narrativas visuales y el realismo de las animaciones. La mejora continua de los algoritmos y la integración de feedback humano serán determinantes para superar estas limitaciones.

El impacto social y cultural de esta tecnología también es significativo. La capacidad de generar automáticamente vídeos a partir de texto podría influir en las normas sociales y culturales, afectando la representación en los medios y la propagación de información. Es esencial considerar estos factores mientras se desarrolla y despliega esta tecnología para garantizar su uso ético y responsable.

3.2.2 Mejorar un vídeo eliminando elementos de este

En el contexto de la postproducción moderna, la tecnología de Inteligencia Artificial (IA) ha revolucionado las técnicas de edición de vídeo, proporcionando herramientas capaces de eliminar selectivamente elementos no deseados de un vídeo. Esto incluye desde objetos pasajeros hasta personas, permitiendo a los creadores de contenido adaptar y modificar sus obras sin necesidad de regrabaciones costosas y complejas. La tecnología no solo facilita ajustes estéticos, sino que también se alinea con exigencias de privacidad y cumplimiento normativo, adaptando el contenido para diversos mercados y audiencias.

Esta capacidad de edición va más allá de la corrección de errores o eliminación de objetos inesperados. Se extiende a la personalización de contenido para diferentes regiones, cumpliendo con regulaciones específicas de privacidad y derechos de autor, y permitiendo una narrativa visual que se puede adaptar y reutilizar en múltiples contextos.

Para eliminar elementos de un vídeo, el primer paso es identificar correctamente estos objetos en las secuencias de imágenes. Esto se logra a través de técnicas de visión por ordenador, como las redes neuronales convolucionales (CNN), que pueden analizar y clasificar los componentes visuales de un vídeo con gran precisión.

ⓘ Ejemplo

Implementación de Mask R-CNN, un tipo de CNN especializado en segmentar objetos a nivel de píxel, permitiendo una identificación precisa incluso en escenas complejas con múltiples objetos y variadas condiciones de iluminación.

Tras la eliminación de un objeto, el espacio vacío debe rellenarse de manera coherente. Las técnicas de relleno de contenido utilizan algoritmos como PatchMatch, que buscan áreas similares dentro del propio vídeo para copiar y mezclar píxeles de manera que el fondo modificado parezca natural.

> ### ⓘ Ejemplo
>
> Uso de algoritmos de restauración de imagen en vídeos donde se eliminan logos o marcas de agua, asegurando que el fondo donde estaban los logos se rellene de manera que el espectador no note la modificación.

La eliminación de elementos no deseados es especialmente valiosa en la industria del cine, donde objetos como cables o equipos de filmación pueden eliminarse postproducción, salvando tomas que de otro modo serían descartadas.

> ### ⓘ Ejemplo
>
> Análisis de una escena específica de una película conocida donde se eliminó un micrófono que accidentalmente apareció en el cuadro, demostrando cómo la tecnología preservó la integridad visual de una toma esencial.

La capacidad de alterar el contenido visual de un vídeo facilita la adaptación y localización para diferentes mercados culturales, eliminando o modificando elementos que pueden ser culturalmente sensibles o inapropiados.

> ### ⓘ Ejemplo
>
> Adaptación de un anuncio comercial para varios mercados internacionales, donde elementos como botellas de alcohol se eliminaron para cumplir con las leyes de publicidad locales en países con restricciones severas sobre la promoción de bebidas alcohólicas.

Los desafíos incluyen la detección precisa bajo condiciones de iluminación variable, escenas con movimiento rápido y la presencia de elementos parcialmente ocultos. Mejorar la precisión de estos algoritmos es vital para su aplicación en entornos dinámicos y diversos.

3.2.3 Convertir las imágenes en vídeos

La conversión de imágenes estáticas en secuencias de vídeo es una técnica avanzada que combina elementos de gráficos computarizados, visión por ordenador e Inteligencia Artificial. Este proceso permite crear vídeos dinámicos a partir de fotografías fijas, donde la animación se introduce para dar vida a escenas estáticas, simulando movimiento y narrativa visual. Estas técnicas son particularmente valiosas en campos como el marketing, la educación y el entretenimiento, donde el contenido visual juega un papel crítico en la comunicación y el engagement del público.

Convertir imágenes en vídeos implica técnicas como la interpolación de movimiento, el morphing de imágenes y la generación automática de efectos visuales para crear una ilusión de movimiento fluido y cohesivo que conecta varias imágenes estáticas en una secuencia lógica y atractiva.

La interpolación de movimiento es una técnica que calcula y rellena los fotogramas que faltan entre dos imágenes estáticas para crear la ilusión de movimiento. Utilizando algoritmos avanzados de predicción y modelado, esta técnica puede generar transiciones suaves que hacen que el movimiento parezca natural y continuo.

ⓘ Ejemplo

Creación de un vídeo de un atardecer a partir de una serie de imágenes tomadas a intervalos regulares, donde la interpolación suaviza la transición entre las fases del atardecer, creando un vídeo fluido que muestra el cambio de luz y color en el cielo.

El morphing es una técnica que transforma gradualmente una imagen en otra. Esto no solo involucra el cambio de posición de los elementos, sino también la transformación de las formas y estructuras dentro de las imágenes. Esta técnica es especialmente útil para crear vídeos que narran una evolución o un cambio a lo largo del tiempo.

ⓘ Ejemplo

Un vídeo que muestra el progreso de una construcción, donde las imágenes de diferentes etapas de la construcción se transforman suavemente unas en otras para mostrar el desarrollo desde el inicio hasta la finalización.

Además de las técnicas que conectan imágenes, es esencial generar fondos y ambientes coherentes que unifiquen el vídeo. Esto puede incluir la creación de cielos animados, fondos que cambian según la hora del día o condiciones climáticas que se ajustan a la narrativa visual del vídeo.

> ### ⓘ Ejemplo
>
> Generación de un fondo dinámico para un vídeo de viaje, donde el fondo cambia para reflejar diferentes ubicaciones y climas conforme el sujeto se mueve de un lugar a otro, mejorando la inmersión y el contexto visual del vídeo.

La conversión de imágenes en vídeos permite a las marcas crear contenido visualmente atractivo a partir de fotos de productos. Esto es ideal para demostraciones de productos, anuncios y contenido de redes sociales, donde el movimiento puede captar más atención que las imágenes estáticas.

> ### ⓘ Ejemplo
>
> Una campaña publicitaria para un nuevo smartphone, donde imágenes estáticas del teléfono se convierten en un vídeo que muestra el teléfono en uso, destacando características y funcionalidades a través de animaciones fluidas y atractivas.

En la educación, transformar imágenes en vídeos puede ayudar a ilustrar procesos complejos o cambios históricos, haciendo la información más accesible y comprensible para los estudiantes de todas las edades.

> ### ⓘ Ejemplo
>
> Un vídeo educativo que muestra el proceso de metamorfosis de una mariposa, desde la oruga hasta la crisálida y finalmente la mariposa adulta, utilizando imágenes estáticas de cada etapa que se transforman suavemente una en la otra.

Los documentales pueden beneficiarse enormemente de la capacidad de transformar fotografías históricas o de archivo en secuencias de vídeo, proporcionando una nueva dimensión a la narrativa visual y haciendo las historias más atractivas y dinámicas.

(i) **Ejemplo**

Un documental sobre cambios climáticos que utiliza imágenes satelitales de glaciares a lo largo de varias décadas, convertidas en un vídeo que muestra visualmente la regresión glaciar, destacando el impacto del cambio climático de manera poderosa y directa.

La creación de vídeos a partir de imágenes presenta desafíos técnicos significativos, especialmente en términos de mantener la coherencia visual y la calidad a lo largo del vídeo. La precisión en la interpolación de movimiento y el morphing debe ser alta para evitar artefactos visuales o saltos abruptos que puedan distraer al espectador.

Para la conversión de imágenes en vídeos, diversas plataformas y herramientas de software ofrecen capacidades avanzadas, aprovechando la Inteligencia Artificial y otras técnicas de procesamiento digital. A continuación, se exponen algunas de las más destacadas y cómo pueden ayudar en este proceso:

1. **Adobe After Effects**

   - Adobe After Effects es un poderoso software de efectos visuales y gráficos en movimiento. Aunque principalmente se utiliza para la postproducción de vídeo, tiene herramientas robustas para animar imágenes estáticas, crear transiciones fluidas entre imágenes y aplicar efectos dinámicos.

   - Ideal para profesionales del diseño gráfico y la edición de vídeo que buscan crear contenido promocional o artístico de alta calidad.

2. **Adobe Premiere Pro**

   - Otro producto de Adobe, Premiere Pro, es más centrado en la edición de vídeo, pero también ofrece herramientas para crear secuencias de vídeo a partir de imágenes estáticas. Sus capacidades de línea de tiempo y efectos permiten una transición suave y la sincronización con audio.

   - Muy utilizado en la industria cinematográfica y de la televisión para montajes y anuncios donde se necesita integrar imágenes en movimientos narrativos.

3. **Animoto**

- Animoto es una herramienta en línea que permite a los usuarios crear vídeos a partir de fotos y clips de vídeo. Ofrece plantillas preestablecidas que hacen el proceso fácil y rápido, ideal para usuarios sin mucha experiencia técnica.

- Perfecto para pequeñas empresas, educadores y uso personal para crear vídeos promocionales, educativos o de eventos.

4. **LightMV**

- LightMV es una aplicación en línea y móvil que proporciona una manera rápida y eficaz de convertir fotos en vídeos profesionales mediante el uso de plantillas. No se requiere experiencia en diseño, ya que el proceso es mayormente automatizado.

- Utilizado para crear rápidamente contenido visual para redes sociales, marketing digital o recuerdos personales.

5. **DaVinci Resolve**

- DaVinci Resolve combina edición de vídeo profesional, corrección de color, postproducción de audio y efectos visuales. Tiene herramientas avanzadas para la creación de movimientos a partir de imágenes estáticas y ajustes finos de color y exposición.

- Ideal para profesionales del vídeo que requieren control total sobre cada aspecto de la producción y postproducción de vídeos.

6. **Final Cut Pro**

- Software de edición de vídeo de Apple que proporciona herramientas potentes para editar, transformar y animar imágenes en vídeos. Final Cut Pro es conocido por su interfaz intuitiva y rendimiento optimizado en Mac.

- Ampliamente usado por profesionales del vídeo para todo desde vídeos musicales y documentales hasta cortometrajes y publicidad.

 **Nota**

La elección de una herramienta específica dependerá de las necesidades del proyecto, el presupuesto disponible y el nivel de experiencia del usuario.

3.2.4 Eliminación de fondos

La eliminación de fondos en la producción de vídeo es una técnica esencial que permite a los editores aislar sujetos específicos de un vídeo eliminando visualmente el fondo detrás de ellos. Esta técnica es ampliamente utilizada en la industria del cine, la televisión, la publicidad y recientemente ha ganado importancia en la creación de contenido para redes sociales y plataformas de streaming. Al separar los elementos de interés del fondo, los productores pueden insertar nuevos fondos que mejor se ajusten a la narrativa deseada o mejorar la estética visual sin necesidad de regrabaciones costosas.

Para la eliminación efectiva de fondos, se utilizan técnicas sofisticadas de segmentación que identifican y diferencian los elementos del primer plano de sus fondos. Esto se logra a través de:

▶ **Segmentación semántica y de instancias:** estas técnicas permiten a los sistemas de IA diferenciar entre múltiples objetos en una escena, clasificándolos en categorías relevantes para una separación precisa.

▶ **Redes neuronales profundas:** Herramientas como U-Net y Mask R-CNN son ejemplos de modelos de IA que proporcionan resultados detallados para tareas de segmentación en vídeos, permitiendo una distinción clara entre el sujeto principal y el fondo.

La eliminación de fondos se facilita mediante el uso de software especializado que ofrece herramientas robustas para manipular y ajustar vídeos:

▶ **Adobe After Effects y DaVinci Resolve:** estos programas proporcionan funcionalidades avanzadas para la manipulación de fondos, incluyendo herramientas de keying que eliminan colores específicos y técnicas de máscara que refinan los bordes del sujeto.

▶ **Tecnologías de chroma keying:** el chroma keying es una técnica popular que elimina fondos uniformes (generalmente verdes o azules) para superponer sujetos en diferentes escenarios. La integración de IA ha mejorado esta técnica, reduciendo los artefactos y mejorando la integración de los elementos del primer plano con nuevos fondos.

La eliminación de fondos en la producción cinematográfica y televisiva ha transformado la manera en que se crean y presentan contenidos visuales. Esta técnica permite a los creadores de contenido ubicar a los personajes en entornos completamente nuevos o añadir efectos visuales que serían imposibles o prohibitivamente costosos de realizar de forma práctica. En la producción cinematográfica, se utilizan técnicas de fondo verde para integrar actores en escenarios digitales, permitiendo simular entornos peligrosos de manera segura y efectiva. Además, estos efectos especiales son esenciales para crear mundos imaginarios y escenas épicas que capturan la imaginación del espectador, enriqueciendo la narrativa y el atractivo visual de las producciones.

En el ámbito de la publicidad y el marketing digital, la eliminación de fondos se ha convertido en una herramienta invaluable. Los marketers utilizan esta técnica para crear anuncios visualmente atractivos que se adaptan fácilmente a diferentes mercados y medios, mejorando la relevancia y el impacto visual del contenido. Por ejemplo, los anuncios personalizados permiten adaptar vídeos promocionales para diferentes regiones eliminando y reemplazando fondos para incluir imágenes culturalmente relevantes. Esto no solo aumenta la eficacia de las campañas publicitarias, sino que también facilita la conexión emocional con audiencias diversas, optimizando el alcance y la resonancia de los mensajes de marketing.

ⓘ **Importante**

La eliminación de fondos de vídeos presenta desafíos significativos, especialmente cuando se trata de fondos complejos o sujetos con bordes difusos como cabello fino o ropas transparentes. La precisión en el recorte y la integración de elementos visuales son aspectos críticos que requieren soluciones tecnológicas avanzadas. Mejorar la precisión y reducir la necesidad de ajustes manuales son áreas de desarrollo prioritarias para superar estos retos.

3.2.5 Otras herramientas de mejora y creación de vídeos con IA

La aplicación de Inteligencia Artificial en la producción y mejora de vídeos ha transformado radicalmente la industria audiovisual. Estas tecnologías permiten no solo optimizar procesos existentes, como la edición y corrección de color, sino también innovar en la creación de contenido, abriendo nuevas posibilidades para los creadores. Con el uso de IA, los productores pueden automatizar tareas repetitivas y concentrarse en aspectos más creativos de su trabajo, mejorando tanto la eficiencia como la calidad del producto final.

En el dinámico campo de la producción de vídeo, las tecnologías basadas en Inteligencia Artificial están revolucionando tanto la mejora como la creación de contenido. Una de las aplicaciones más impactantes es la restauración y mejora de vídeo. Aquí, la mejora de resolución se lleva a cabo mediante técnicas avanzadas de aprendizaje profundo, permitiendo convertir vídeos de baja resolución en versiones de alta definición sin perder detalles importantes. Este proceso no solo restaura el contenido antiguo, sino que también mejora la calidad de los vídeos actuales, haciendo que cada imagen sea más nítida y clara.

Otra faceta esencial en la restauración de vídeos es la corrección de color automatizada. Los algoritmos de IA ajustan automáticamente el balance de colores y la exposición, mejorando significativamente la calidad visual de los vídeos. Este proceso, que tradicionalmente requería un ojo experto y mucho tiempo, ahora se puede realizar en segundos, asegurando que cada escena tenga los colores más vibrantes y la exposición adecuada, lo que enriquece la experiencia visual del espectador.

La generación automática de contenido es otro ámbito donde la Inteligencia Artificial está haciendo grandes avances. Con la creación de clips a partir de texto, los usuarios pueden generar secuencias de vídeo completas a partir de simples descripciones textuales. Utilizando modelos de IA que interpretan y visualizan el contenido escrito, este software permite crear vídeos de manera rápida y efectiva, transformando ideas en imágenes con una facilidad sin precedentes. Además, la animación de personajes y escenas se ha simplificado enormemente gracias a herramientas que automatizan este proceso. Los creadores pueden ahora dar vida a personajes y escenarios detallados con mínimo esfuerzo manual, abriendo nuevas posibilidades creativas en la animación y el diseño de videojuegos.

Las herramientas de edición inteligente también han visto una transformación significativa. La edición basada en IA analiza el contenido del vídeo para sugerir o realizar automáticamente cortes, fusiones y transiciones, mejorando el flujo narrativo de manera eficiente. Esto no solo ahorra tiempo a los editores, sino que también garantiza que cada vídeo tenga una estructura coherente y atractiva. Además, la eliminación automática de imperfecciones utiliza tecnologías avanzadas para detectar y corregir automáticamente problemas como objetos no deseados, variaciones de iluminación o inestabilidades de cámara. Estos ajustes, que anteriormente requerían una atención meticulosa, ahora se pueden realizar en segundos, resultando en vídeos más pulidos y profesionales.

Las aplicaciones prácticas de estas tecnologías son vastas y variadas. En la producción de contenido automatizado, el uso de la Inteligencia Artificial no solo ahorra tiempo, sino que también permite una personalización y relevancia sin precedentes, especialmente en sectores como el marketing digital y la publicidad. Las empresas pueden crear anuncios altamente personalizados que resuenen con audiencias específicas, mejorando el impacto y la eficacia de sus campañas.

En el ámbito educativo, las herramientas de IA están transformando los recursos educativos estáticos en materiales interactivos y visualmente atractivos. Estas tecnologías facilitan el aprendizaje y retienen la atención de los estudiantes de manera más efectiva. Por ejemplo, los vídeos educativos pueden mejorarse con gráficos dinámicos y explicaciones visuales que simplifican conceptos complejos, haciendo que el aprendizaje sea más accesible y entretenido.

PRUEBA DE AUTOEVALUACIÓN

Preguntas tipo test

1. *¿Qué es la tecnología de Texto a Voz (TTS)?*

   a) *Conversión de voz a texto*

   b) *Conversión de texto escrito en habla audible*

   c) *Creación de música con IA*

2. *¿Qué componente NO es parte de los sistemas TTS modernos?*

   a) *Análisis de texto*

   b) *Procesamiento del lenguaje natural*

   c) *Generación de gráficos*

3. *¿Cuál de los siguientes NO es un ejemplo práctico del uso de TTS?*

   a) *Lectores de pantalla para personas con discapacidades visuales*

   b) *Asistentes virtuales configurables*

   c) *Análisis financiero de datos*

4. *¿Qué técnica utilizan los modelos TTS avanzados como WaveNet?*

   a) *Generación de gráficos*

   b) *Redes neuronales profundas*

   c) *Análisis de sentimientos*

5. *¿Cuál es un desafío técnico significativo para los sistemas de reconocimiento de voz (STT)?*

   a) *Generación de texto largo*

   b) *Manejo de ruido de fondo significativo*

   c) *Creación de gráficos*

6. *¿Qué aplicación NO corresponde a la tecnología de reconocimiento de voz (STT)?*

a) *Asistentes virtuales*

b) *Lectura de libros físicos*

c) *Transcripción automática de conferencias*

7. *¿Qué modelo de IA utiliza redes neuronales recurrentes (RNN) para la creación de música?*

a) *DeepSpeech*

b) *WaveNet*

c) *Tacotron*

8. *¿Cuál es un desafío ético relacionado con la creación de música mediante IA?*

a) *Generación de gráficos*

b) *Derechos de autor y propiedad intelectual*

c) *Análisis de sentimientos*

9. *¿Qué técnica se utiliza para eliminar elementos no deseados de un vídeo?*

a) *Redes neuronales convolucionales*

b) *Relleno de contenido y restauración de fondos*

c) *Generación de texto largo*

10. *¿Qué herramienta permite la animación de imágenes estáticas para crear vídeos dinámicos?*

a) *TTS*

b) *Interpolación de movimiento*

c) *STT*

Frases con un hueco para una palabra

1. *La tecnología TTS convierte texto escrito en _____ audible.*

2. *WaveNet es un ejemplo de un modelo de síntesis de voz que utiliza _____ neuronales profundas.*

3. *La _____ de voz permite interpretar y transcribir el lenguaje humano con precisión.*

4. *La creación de música con IA utiliza _____ para aprender patrones en secuencias de datos musicales.*

5. *La interpolación de _____ permite crear transiciones suaves entre imágenes estáticas.*

Preguntas cortas de desarrollo

1. *Describe las aplicaciones prácticas y los componentes clave de la tecnología Texto a Voz (TTS).*

2. *Explica el funcionamiento y las aplicaciones del reconocimiento de voz (STT) en la vida diaria.*

3. *Analiza los desafíos éticos y técnicos de la creación de música mediante Inteligencia Artificial (IA).*

4. *Discute las ventajas y limitaciones de la eliminación de elementos no deseados en vídeos mediante técnicas de IA.*

5. *Reflexiona sobre las tecnologías utilizadas para convertir imágenes en vídeos y sus aplicaciones en diferentes sectores.*

RESPUESTAS

Preguntas tipo test

1. *b) Conversión de texto escrito en habla audible*

2. *c) Generación de gráficos*

3. *c) Análisis financiero de datos*

4. *b) Redes neuronales profundas*

5. *b) Manejo de ruido de fondo significativo*

6. *b) Lectura de libros físicos*

7. *c) Tacotron*

8. *b) Derechos de autor y propiedad intelectual*

9. *b) Relleno de contenido y restauración de fondos*

10. *b) Interpolación de movimiento*

Frases con hueco

1. *habla*

2. *redes*

3. *reconocimiento*

4. *RNN*

5. *movimiento*

Preguntas cortas de desarrollo

1. **Describe las aplicaciones prácticas y los componentes clave de la tecnología Texto a Voz (TTS).**

   La tecnología de Texto a Voz (TTS) convierte texto escrito en habla audible, mejorando la accesibilidad y las interfaces de usuario. Los componentes clave de

TTS incluyen el análisis de texto, el procesamiento del lenguaje natural y la síntesis de habla. Aplicaciones prácticas incluyen lectores de pantalla para personas con discapacidades visuales, sistemas de navegación GPS y asistentes virtuales personalizados.

2. Explica el funcionamiento y las aplicaciones del reconocimiento de voz (STT) en la vida diaria.

El reconocimiento de voz (STT) convierte el habla en texto escrito mediante la captura de audio, su digitalización y el procesamiento de patrones de lenguaje usando algoritmos avanzados. Aplicaciones incluyen asistentes virtuales como Siri y Alexa, sistemas de transcripción automática en conferencias y clases, y herramientas de accesibilidad para personas con discapacidades visuales o motrices.

3. Analiza los desafíos éticos y técnicos de la creación de música mediante Inteligencia Artificial (IA).

La creación de música con IA enfrenta desafíos éticos como la autenticidad y los derechos de autor. Técnicamente, la IA debe manejar la complejidad y la expresividad de la música humana. Aunque la IA puede generar música que imita estilos específicos, algunos críticos argumentan que carece de la profundidad emocional de las composiciones humanas. La propiedad intelectual de la música generada por IA y la distribución de royalties también son temas de debate.

4. Discute las ventajas y limitaciones de la eliminación de elementos no deseados en vídeos mediante técnicas de IA.

La eliminación de elementos no deseados en vídeos permite mejorar la calidad visual y adaptar el contenido a diferentes contextos sin necesidad de regrabaciones. Técnicas como la segmentación y el relleno de contenido facilitan esta tarea. Sin embargo, existen limitaciones técnicas en escenas complejas y desafíos éticos relacionados con la manipulación de contenido visual, especialmente en contextos de periodismo y documentación histórica.

5. *Reflexiona sobre las tecnologías utilizadas para convertir imágenes en vídeos y sus aplicaciones en diferentes sectores.*

Tecnologías como la interpolación de movimiento y el morphing de imágenes permiten convertir imágenes estáticas en vídeos dinámicos. Estas técnicas son útiles en marketing, donde las animaciones pueden captar más atención, en educación para ilustrar procesos complejos, y en documentales para animar fotografías históricas. Sin embargo, los desafíos técnicos incluyen la coherencia visual y la calidad del movimiento generado.

4

CONVERSACIONES, ATENCIÓN AL CLIENTE Y ANÁLISIS DE SENTIMIENTOS

4.1 MANEJO DE HERRAMIENTAS DE IA PARA LA GENERACIÓN DE CONVERSACIONES

Las herramientas de IA para la generación de conversaciones han avanzado significativamente, permitiendo una interacción más natural y eficiente entre humanos y máquinas. Estas herramientas utilizan algoritmos avanzados y técnicas de procesamiento del lenguaje natural (PLN) para comprender y generar texto de manera coherente y contextual. Además, son esenciales para la creación de chatbots, asistentes virtuales y otros sistemas interactivos que requieren una comunicación fluida y natural con los usuarios.

A continuación, se presentan las principales técnicas utilizadas en la generación de conversaciones, destacando su aplicación y efectividad.

En primer lugar, el procesamiento del lenguaje natural (PLN), esta disciplina emplea técnicas como el análisis sintáctico, el análisis semántico y el aprendizaje profundo para comprender y generar texto. Un ejemplo de su aplicación es un chatbot capaz de interpretar y responder preguntas sobre un producto específico, como un teléfono móvil, utilizando PLN para entender las consultas del usuario.

Por otro lado, los modelos de lenguaje, como GPT-3 de OpenAI, son esenciales para la generación de conversaciones. Estos modelos se entrenan con grandes volúmenes de texto y tienen la capacidad de predecir la siguiente palabra en una oración, lo que permite crear respuestas coherentes y contextuales. Un ejemplo de esto es un asistente virtual que puede mantener una conversación sobre una amplia gama de temas, desde el clima hasta noticias recientes, gracias a su entrenamiento en un modelo de lenguaje avanzado.

Además, es importante mencionar las plataformas y herramientas populares para la generación de conversaciones. Entre ellas, Dialogflow, desarrollado por Google, se destaca como una de las más utilizadas para construir chatbots y asistentes virtuales. Esta plataforma permite diseñar flujos de conversación, integrarse con múltiples canales de comunicación y utilizar técnicas de PLN para mejorar la interacción. Un ejemplo de su uso es una empresa que emplea Dialogflow para crear un chatbot que asiste a los clientes en la compra de productos en línea, respondiendo preguntas frecuentes y guiando a los usuarios a través del proceso de compra.

Otra herramienta relevante es el Microsoft Bot Framework, una solución popular que facilita la creación y despliegue de bots. Este marco ofrece integración con diversas plataformas como Microsoft Teams, Skype y Slack, y utiliza servicios de Inteligencia Artificial de Azure para mejorar la experiencia conversacional. Un ejemplo de su implementación es un servicio de atención al cliente que utiliza el Microsoft Bot Framework para responder consultas sobre el estado de pedidos y proporcionar soporte técnico.

Finalmente, IBM Watson Assistant se presenta como una herramienta robusta para la creación de asistentes virtuales y chatbots. Este asistente utiliza técnicas avanzadas de PLN y aprendizaje automático para entender y responder preguntas de los usuarios de manera precisa. Un ejemplo de su aplicación es una institución financiera que implementa Watson Assistant para ayudar a los clientes a obtener información sobre sus cuentas, realizar transacciones y resolver problemas comunes.

A continuación, se expone una tabla con las ventajas de utilizar herramientas de IA en la generación de conversaciones, incluyendo ejemplos específicos:

Ventaja	Descripción	Ejemplo
Mejora en la eficiencia	Las herramientas de IA permiten automatizar la gestión de conversaciones, reduciendo la carga de trabajo del personal humano y mejorando la eficiencia operativa.	Una empresa de telecomunicaciones que utiliza un chatbot para resolver consultas básicas de los clientes, liberando a los agentes para manejar casos más complejos.
Disponibilidad 24/7	Los sistemas basados en IA pueden operar las 24 horas del día, los 7 días de la semana, proporcionando asistencia continua a los usuarios sin necesidad de intervención humana.	Un servicio de asistencia técnica que está disponible en todo momento para resolver problemas con dispositivos electrónicos, independientemente de la hora del día.
Personalización y adaptación	Las herramientas de IA pueden personalizar las respuestas basadas en el historial y las preferencias del usuario, ofreciendo una experiencia más satisfactoria y relevante.	Un chatbot de una tienda en línea que recomienda productos basados en las compras anteriores del usuario y sus preferencias.

A pesar de los avances, las herramientas de IA aún pueden tener dificultades para entender el contexto completo de una conversación, lo que puede llevar a respuestas incorrectas o fuera de lugar. Por ejemplo, un chatbot que interpreta incorrectamente una consulta ambigua sobre la cancelación de un servicio, proporcionando información irrelevante en lugar de la respuesta correcta. Por ello, el entrenamiento y mantenimiento continuo de los modelos de IA son necesarios para asegurar que las herramientas sigan siendo efectivas y precisas.

Las implementaciones de asistentes virtuales basados en Inteligencia Artificial (IA) están transformando diversos sectores al mejorar la eficiencia operativa y la experiencia del cliente. La siguiente tabla resume cómo las implementaciones de asistentes virtuales basados en IA están siendo adoptadas en sectores como educación, retail, salud, recursos humanos, finanzas y seguros para mejorar la eficiencia operativa y la experiencia del cliente.

Ventaja	Descripción	Ejemplo
Educación	Los asistentes virtuales mejoran la experiencia de aprendizaje y facilitan la administración en las instituciones educativas.	Un estudiante de biología utiliza el asistente virtual de la universidad para entender el ciclo de Krebs con diagramas y videos.
Tutoría personalizada	Los asistentes proporcionan tutoría personalizada, ayudando a los estudiantes a comprender conceptos difíciles y prepararse para exámenes.	Un estudiante puede preguntar sobre un problema matemático y recibir una explicación detallada paso a paso.
Asistencia administrativa	Ayudan en tareas como la inscripción en cursos, obtención de información sobre el calendario académico y acceso a recursos educativos.	Un asistente virtual guía a un estudiante para inscribirse en cursos y acceder a material educativo.
Evaluación y feedback	Realizan evaluaciones rápidas y proporcionan feedback inmediato, incluyendo cuestionarios y ejercicios interactivos.	Los estudiantes reciben feedback instantáneo sobre sus progresos y áreas de mejora.
Retail	Las empresas de retail utilizan chatbots para mejorar la experiencia de compra y optimizar operaciones.	Un cliente busca un regalo y el chatbot sugiere productos basados en los intereses del destinatario y ofrece opciones de envoltura.
Recomendaciones de productos	Analizan las preferencias y el historial de compras de los clientes para recomendar productos relevantes.	Un chatbot en un sitio de moda sugiere ropa y accesorios basados en compras anteriores y tendencias actuales.
Seguimiento de pedidos	Proporcionan actualizaciones en tiempo real sobre el estado de los pedidos, desde la confirmación hasta la entrega.	Los clientes reciben notificaciones sobre el envío y pueden rastrear sus paquetes.

Ventaja	Descripción	Ejemplo
Resolución de problemas.	Ayudan a resolver problemas comunes como devoluciones, cambios y consultas sobre productos.	Un cliente recibe instrucciones claras sobre cómo devolver un artículo defectuoso a través del chatbot.
Sector Salud.	Las herramientas de IA mejoran la atención al paciente y optimizan los procesos administrativos en el sector salud.	Un paciente con hipertensión recibe recordatorios automáticos para medir su presión arterial diariamente.
Asistentes médicos virtuales.	Proporcionan información médica básica, ayudan en la gestión de citas y recuerdan a los pacientes la toma de medicamentos.	Un asistente recuerda a un paciente diabético tomar su insulina y registrar sus niveles de glucosa.
Telemedicina.	Realizan una preevaluación de síntomas antes de una consulta virtual, proporcionando una descripción detallada al médico.	Un asistente virtual recopila información sobre los síntomas del paciente antes de la consulta con el médico.
Administración de citas.	Gestionan la programación y reprogramación de citas médicas, reduciendo los tiempos de espera.	Los pacientes pueden programar y reprogramar citas médicas fácilmente a través del asistente virtual.
Recursos Humanos.	Las herramientas de IA transforman la gestión de procesos internos en recursos humanos, desde la contratación hasta la gestión del talento.	Una empresa multinacional utiliza un chatbot para asistir en el proceso de reclutamiento, desde la publicación de ofertas hasta la programación de entrevistas.
Reclutamiento.	Los chatbots realizan entrevistas iniciales, evaluando respuestas y programando entrevistas con los reclutadores humanos.	Un chatbot preselecciona candidatos y agenda entrevistas con los más prometedores.

Ventaja	Descripción	Ejemplo
Onboarding.	Guían a los nuevos empleados a través del proceso de integración, proporcionando información sobre políticas y formación inicial.	Los nuevos empleados reciben orientación y respuestas a preguntas frecuentes a través del asistente virtual.
Gestión de consultas.	Resuelven consultas sobre beneficios, políticas de vacaciones y procedimientos internos, proporcionando respuestas rápidas y precisas.	Los empleados reciben información sobre beneficios y políticas de vacaciones sin cargar al departamento de RRHH.
Finanzas y seguros.	Las herramientas de IA en finanzas y seguros mejoran la atención al cliente y optimizan procesos complejos.	Un cliente de seguros utiliza un chatbot para iniciar una reclamación tras un accidente automovilístico, recibiendo actualizaciones sobre el estado de la reclamación.
Asesoría financiera personalizada.	Ofrecen asesoría basada en los objetivos y perfil de riesgo del cliente, recomendando productos financieros adecuados.	Un asistente virtual recomienda productos de inversión basados en los objetivos financieros del cliente.
Gestión de reclamaciones.	Ayudan a los clientes a iniciar y gestionar reclamaciones, proporcionando información sobre el estado y documentos necesarios.	Los clientes reciben orientación y actualizaciones sobre sus reclamaciones de seguros a través del chatbot.
Detección de fraude.	Monitorean transacciones en busca de patrones sospechosos, alertando a los clientes y a la empresa de posibles fraudes.	Un sistema de IA detecta actividad sospechosa en la cuenta de un cliente y envía una alerta inmediata.

Casos de uso

Atención al cliente en el sector bancario

Caso de uso detallado:

Para mejorar la experiencia del cliente, un banco internacional ha implementado un asistente virtual basado en IA en su aplicación móvil y sitio web. Este asistente es capaz de ayudar a los clientes con una amplia gama de consultas, que van desde la verificación del saldo de su cuenta hasta la realización de transferencias de dinero internacionales.

En primer lugar, el asistente facilita la verificación de saldo y movimientos. Puede proporcionar información actualizada sobre el saldo de la cuenta del cliente y detallar los movimientos recientes utilizando comandos simples como "¿Cuál es mi saldo?" o "Muéstrame mis últimas transacciones".

Asimismo, el asistente guía al cliente a través del proceso de transferencias de dinero, ya sea a cuentas dentro del mismo banco o a otras entidades financieras. Este proceso incluye la verificación de detalles del destinatario, la confirmación de la cantidad y la autenticación de la transacción, asegurando que las operaciones sean precisas y seguras.

En situaciones de emergencia, como la pérdida o robo de una tarjeta, el asistente puede ayudar al cliente a bloquear la tarjeta inmediatamente para prevenir transacciones fraudulentas. Esta capacidad de respuesta rápida es esencial para proteger las finanzas del cliente.

Además, el asistente ofrece información sobre productos y servicios del banco, como préstamos, tarjetas de crédito y cuentas de ahorro. Proporciona detalles sobre los requisitos, beneficios y tasas de interés, lo que ayuda a los clientes a tomar decisiones informadas sobre los productos financieros que mejor se adaptan a sus necesidades.

Un ejemplo concreto de la utilidad de este asistente es cuando un cliente se da cuenta de que ha perdido su tarjeta de débito. Utiliza el asistente virtual en su aplicación bancaria para bloquear la tarjeta inmediatamente y, al mismo tiempo, solicita una nueva tarjeta que se enviará a su dirección registrada. Esta combinación de rapidez y eficiencia mejora significativamente la experiencia del cliente y su seguridad financiera.

```
Cliente: Hola, asistente. ¿Puedes decirme cuál es mi saldo actual?

Asistente: ¡Hola! Claro, puedo ayudarte con eso. Tu saldo actual es
 de 3.250€. ¿Necesitas algo más?

Cliente: Sí, quiero ver mis últimas transacciones.

Asistente: Por supuesto. Aquí están tus últimas cinco transacciones:
    Compra en Supermercado NOCH: 120€
    Transferencia recibida de Beatriz Rubio: 500€
    Pago de servicios públicos: 75€
    Compra en Tienda ABC: 45€
    Retiro en cajero automático: 200€

Cliente: Perfecto. Ahora necesito hacer una transferencia de dinero.

Asistente: Entendido. ¿A qué cuenta te gustaría transferir el dinero?

Cliente: Quiero transferir 300€ a la cuenta de María López en el Banco LII.

Asistente: Vamos a proceder con la transferencia. Por favor, confirma los
 detalles:
    Monto: 300€
    Destinatario: Elsa Coronado
    Banco: Banco LII
 ¿Es correcto?

Cliente: Sí, todo está correcto.

Asistente: Perfecto. La transferencia se ha realizado con éxito. ¿Hay algo más en lo que
 pueda ayudarte?

Cliente: No, eso es todo. Muchas gracias.

Asistente: De nada. Si necesitas algo más, no dudes en contactarme. ¡Que tengas un buen día!
```

 **Nota**

Esta conversación es un ejemplo de cómo un asistente virtual basado en IA puede ayudar a los clientes de un banco a realizar diversas tareas y consultas.

Soporte técnico en empresas de tecnología

Caso de uso detallado:

Una empresa de tecnología que desarrolla software de gestión empresarial implementa un chatbot para proporcionar soporte técnico a sus clientes. Este chatbot está disponible tanto en su sitio web como en su aplicación de escritorio.

Para empezar, el chatbot puede guiar a los usuarios a través de la resolución de problemas comunes. Esto incluye problemas como la instalación de software, configuración de cuentas y solución de errores. Por ejemplo, si un usuario tiene problemas para instalar una actualización, el chatbot puede proporcionar instrucciones paso a paso para resolver el problema.

Además, para problemas más complejos, el chatbot puede escalar la consulta a un agente humano o programar una llamada con el equipo de soporte técnico. Esto asegura que los problemas se resuelvan rápidamente y con el menor tiempo de espera posible, mejorando así la experiencia del usuario.

Asimismo, el chatbot puede acceder a una base de conocimientos extensa, proporcionando respuestas precisas y detalladas a las preguntas de los usuarios. Esto incluye tutoriales, guías y documentación técnica que facilitan la autogestión de los problemas por parte de los usuarios.

Por ejemplo, un usuario tiene problemas para sincronizar su software de gestión empresarial con su sistema de correo electrónico. El chatbot le proporciona un tutorial paso a paso para configurar correctamente la sincronización y, cuando el problema persiste, programa una llamada con un técnico para resolver el problema. Esta combinación de soporte automatizado y humano garantiza una solución eficiente y satisfactoria para el usuario.

Usuario: Hola, estoy teniendo problemas para sincronizar mi software de gestión empresarial con mi sistema de correo electrónico. ¿Puedes ayudarme?

Chatbot: ¡Hola! Claro, puedo ayudarte con eso. Primero, vamos a verificar que ambos sistemas estén configurados correctamente. ¿Podrías decirme qué tipo de sistema de correo electrónico estás utilizando (por ejemplo, Outlook, Gmail, etc.)?

Usuario: Estoy utilizando Outlook.

Chatbot: Perfecto. Vamos a empezar con los pasos para configurar la sincronización con Outlook. Por favor, sigue estos pasos:
   Abre tu software de gestión empresarial.
   Ve a la sección de Configuración.
   Selecciona "Cuentas de correo electrónico" y luego "Añadir cuenta".
   Introduce tu dirección de correo de Outlook y tu contraseña.
   Asegúrate de que las configuraciones del servidor de entrada y salida sean correctas (puedes encontrar estos detalles en la configuración de tu cuenta de Outlook).
   Haz clic en "Guardar" y luego en "Sincronizar".

Usuario: Seguí esos pasos, pero aún no se sincroniza. ¿Qué puedo hacer ahora?

Chatbot: Entiendo, puede que necesitemos revisar algunas configuraciones adicionales. Permíteme guiarte a través de un tutorial paso a paso más detallado. Por favor, verifica lo siguiente:
   Asegúrate de que tu conexión a internet sea estable.
   Verifica que el firewall de tu ordenador no esté bloqueando la conexión al servidor de Outlook.
   Asegúrate de que el software de gestión empresarial tenga los permisos necesarios para acceder a tu cuenta de correo electrónico.

Usuario: He revisado todo eso, pero el problema persiste.

Chatbot: En ese caso, parece que necesitamos una intervención más profunda. Voy a escalar tu consulta a uno de nuestros técnicos. ¿Te gustaría programar una llamada con nuestro equipo de soporte técnico?

Usuario: Sí, por favor.

Chatbot: Genial. ¿Cuál sería un buen momento para ti? ¿Prefieres hoy a las 3 PM o mañana a las 10 AM?

ⓘ Nota

Esta conversación es un ejemplo de cómo un chatbot de soporte técnico basado en IA puede ayudar a los usuarios de una empresa de tecnología a resolver problemas técnicos y escalar consultas más complejas a un agente humano.

Asistentes personales en dispositivos móviles

Caso de uso detallado:

Los asistentes virtuales integrados en dispositivos móviles, como Siri de Apple y Google Assistant, utilizan IA para realizar una variedad de tareas que mejoran la vida diaria de los usuarios.

En primer lugar, estos asistentes pueden ayudar a los usuarios en la gestión de calendarios y recordatorios. Por ejemplo, un usuario puede decir "Programa una reunión con Juan mañana a las 10 AM" y el asistente lo añadirá al calendario automáticamente. Esta función facilita la organización y permite a los usuarios manejar su tiempo de manera más eficiente.

Además, los asistentes virtuales son muy útiles para la búsqueda de información. Pueden buscar información en línea en respuesta a preguntas de los usuarios, que van desde obtener definiciones de palabras hasta encontrar direcciones de lugares cercanos. Esto proporciona respuestas rápidas y precisas sin necesidad de abrir un navegador web.

Asimismo, estos asistentes pueden controlar dispositivos inteligentes en el hogar, como luces, termostatos y sistemas de seguridad. Por ejemplo, un usuario puede decir "Enciende las luces del salón" y el asistente enviará el comando al sistema de iluminación inteligente. Esta integración facilita el manejo del hogar de forma cómoda y eficiente.

Además, los asistentes virtuales pueden enviar mensajes de texto y realizar llamadas telefónicas en nombre del usuario. Mediante comandos de voz simples como "Envía un mensaje a María diciendo que llegaré tarde" o "Llama a Pedro", los usuarios pueden comunicarse sin necesidad de usar sus manos, lo cual es especialmente útil en situaciones donde la seguridad es prioritaria, como al conducir.

Un ejemplo concreto de la utilidad de estos asistentes es cuando un usuario está conduciendo y necesita enviar un mensaje urgente. Utiliza el asistente de voz para enviar un mensaje a su colega diciendo que llegará a la oficina en 10 minutos, sin necesidad de distraerse ni apartar las manos del volante. Esta capacidad de comunicación manos libres mejora la seguridad y la eficiencia en la vida diaria del usuario.

El procesamiento del lenguaje natural (PLN) seguirá mejorando, permitiendo a las herramientas de IA comprender mejor las sutilezas del lenguaje humano, incluyendo ironías, sarcasmos y contextos complejos. Esto llevará a interacciones aún más fluidas y naturales. Además, las herramientas de IA para la generación de conversaciones están adoptando el aprendizaje continuo, lo que significa que pueden mejorar con cada interacción, ajustándose y adaptándose a nuevos datos y patrones de comportamiento de los usuarios.

Por otra parte, la integración de herramientas de IA con otras tecnologías emergentes, como el Internet de las Cosas (IoT) y la realidad aumentada (AR), abrirá nuevas posibilidades para la generación de conversaciones. Por ejemplo, un asistente virtual podría interactuar con dispositivos IoT en el hogar para proporcionar una experiencia más integrada y personalizada.

Asimismo, es importante que las herramientas de IA sean transparentes y explicables. Es decir, los usuarios deben poder entender cómo y por qué una IA toma determinadas decisiones o genera ciertas respuestas. Esto ayuda a construir confianza y asegurar el uso ético de la tecnología. Además, las herramientas de IA deben diseñarse teniendo en cuenta la inclusión y accesibilidad, asegurándose de que sean útiles y accesibles para todas las personas, independientemente de sus capacidades físicas o cognitivas.

En cuanto a las herramientas emergentes y las tendencias futuras, se espera una personalización avanzada. Las futuras herramientas de IA se centrarán aún más en la personalización avanzada, utilizando datos en tiempo real para adaptar las interacciones a las necesidades y preferencias individuales de cada usuario. Además, la integración omnicanal permitirá a los usuarios interactuar con asistentes virtuales y chatbots a través de múltiples plataformas y dispositivos de manera fluida, incluyendo la transición sin problemas entre aplicaciones móviles, sitios web, plataformas de mensajería y dispositivos de hogar inteligente.

4.2 UTILIZACIÓN DE DIFERENTES PLATAFORMAS DE IA PARA LA ATENCIÓN A USUARIOS

Las plataformas de IA, como chatbots y agentes virtuales, están revolucionando la atención al usuario. En este epígrafe, analizaremos su implementación, ventajas y aplicaciones, destacando cómo estas tecnologías mejoran la eficiencia operativa, ofrecen asistencia personalizada y garantizan la seguridad de los datos.

4.2.1 Plataformas Chatbot y agentes IA

Los chatbots y agentes IA son aplicaciones de software diseñadas para simular conversaciones humanas. Utilizan procesamiento del lenguaje natural (PLN) y aprendizaje automático para comprender y responder a las consultas de los usuarios. Estas herramientas pueden integrarse en sitios web, aplicaciones móviles, plataformas de mensajería y redes sociales, proporcionando asistencia 24/7. Los chatbots y agentes de Inteligencia Artificial (IA) se han convertido en herramientas esenciales para mejorar la interacción con los usuarios en diversas plataformas. Existen dos tipos principales de chatbots: los basados en reglas y los basados en IA, cada uno con sus propias características, ventajas y desventajas:

Tipo	Descripción	Ventajas	Desventajas
Chatbots basados en reglas	Siguen un conjunto predefinido de reglas y flujos de conversación. Son adecuados para tareas simples y repetitivas, como responder preguntas frecuentes o guiar a los usuarios a través de procesos específicos.	Simplicidad y rapidez de implementación, control sobre el flujo de conversación.	Limitaciones en la capacidad de manejar conversaciones complejas o no previstas.
Chatbots basados en IA	Utilizan algoritmos de aprendizaje automático y procesamiento del lenguaje natural (PLN) para comprender y generar respuestas más naturales y contextuales. Pueden aprender de las interacciones pasadas y mejorar con el tiempo.	Capacidad de manejar conversaciones complejas, adaptabilidad y aprendizaje continuo.	Mayor complejidad y tiempo de desarrollo, necesidad de entrenamiento y mantenimiento continuo.

A continuación, se exponen las principales plataformas chatbot y agentes IA:

⚐ Dialogflow

Dialogflow, desarrollado por Google, es una plataforma de desarrollo de chatbots que utiliza técnicas avanzadas de PLN para comprender y responder a las consultas de los usuarios. Ofrece integración con múltiples canales de comunicación, como Google Assistant, Facebook Messenger y más.

- Características: diseño de flujos de conversación, reconocimiento de intentos del usuario, soporte multilingüe.

- Usos comunes: atención al cliente, asistentes virtuales, soporte técnico.

- Ejemplo: una aerolínea que utiliza Dialogflow para crear un chatbot que ayuda a los pasajeros a reservar vuelos, verificar el estado de los vuelos y obtener información sobre equipaje.

⚐ Microsoft Bot Framework

El Microsoft Bot Framework es una herramienta que permite construir, conectar y desplegar chatbots inteligentes. Ofrece integración con servicios de Inteligencia Artificial de Azure y múltiples canales de comunicación, como Microsoft Teams, Skype y Slack.

- Características: creación de bots con capacidades de Inteligencia Artificial, integración con servicios de Azure, soporte para múltiples lenguajes de programación.

- Usos comunes: soporte al cliente, automatización de tareas empresariales, asistentes personales.

- Ejemplo: una empresa de software que utiliza el Microsoft Bot Framework para desarrollar un chatbot que asiste a los empleados con la resolución de problemas técnicos y la búsqueda de información en la intranet de la empresa.

⚐ IBM Watson Assistant

IBM Watson Assistant es una plataforma que utiliza Inteligencia Artificial para crear chatbots y asistentes virtuales. Ofrece capacidades avanzadas de PLN y aprendizaje automático para proporcionar respuestas precisas y contextuales.

- Características: diseño de diálogos intuitivos, capacidades de integración con otros servicios de IBM, soporte para múltiples idiomas.

- Usos comunes: atención al cliente, soporte técnico, automatización de procesos empresariales.

- Ejemplo: un proveedor de servicios de salud que utiliza IBM Watson Assistant para desarrollar un asistente virtual que ayuda a los pacientes a programar citas, obtener información sobre tratamientos y acceder a su historial médico.

Antes de implementar un chatbot o agente IA, es fundamental definir claramente los objetivos y casos de uso. Esto incluye identificar las necesidades específicas del negocio y los problemas que se desean resolver con la tecnología.

ⓘ **Ejemplo**

Una tienda en línea que desea reducir la carga de trabajo del equipo de atención al cliente podría implementar un chatbot para responder preguntas frecuentes sobre productos, políticas de envío y devoluciones.

La elección de la plataforma adecuada depende de varios factores, incluyendo la complejidad del proyecto, el presupuesto disponible y las capacidades técnicas del equipo de desarrollo.

ⓘ **Ejemplo**

Una pequeña empresa con recursos limitados podría optar por una plataforma más simple y asequible, como ManyChat, mientras que una gran corporación podría utilizar una plataforma robusta como Microsoft Bot Framework.

El diseño del flujo de conversación es un paso esencial en la implementación de un chatbot. Esto implica mapear las posibles interacciones del usuario y definir las respuestas adecuadas para cada escenario.

> ### ⓘ Ejemplo
>
> Un chatbot de soporte técnico debe tener flujos de conversación bien definidos para guiar a los usuarios a través de la resolución de problemas comunes, proporcionando enlaces a recursos adicionales y escalando problemas complejos a un agente humano si es necesario.

Los chatbots basados en IA requieren entrenamiento continuo para mejorar su precisión y capacidad de respuesta. Esto implica proporcionar datos de entrenamiento y ajustar los algoritmos según sea necesario.

> ### ⓘ Ejemplo
>
> Un chatbot implementado en un banco debe entrenarse con datos de interacciones reales de los clientes para mejorar su capacidad de comprender y responder a consultas sobre productos financieros.

Una vez que el chatbot está listo, se despliega en los canales de comunicación seleccionados. El mantenimiento continuo es esencial para asegurar que el chatbot siga siendo efectivo y se adapte a las necesidades cambiantes de los usuarios.

En diversos sectores, los chatbots y agentes de IA están desempeñando un papel fundamental para mejorar la experiencia del cliente y optimizar las operaciones.

▸ Sector de viajes y hospitalidad

En el sector de viajes y hospitalidad, los chatbots están mejorando la experiencia del cliente al facilitar la reserva de viajes. Estos asistentes pueden ayudar a los clientes a buscar y reservar vuelos, hoteles y alquileres de autos, utilizando procesamiento del lenguaje natural (PLN) para entender las preferencias del usuario y ofrecer opciones personalizadas. Por ejemplo, un chatbot en un sitio web de una agencia de viajes puede preguntar al usuario sobre su destino preferido, fechas de viaje y presupuesto, para luego ofrecer una lista de vuelos y hoteles que coinciden con sus criterios.

Además, durante el viaje, los asistentes virtuales pueden proporcionar información en tiempo real sobre el estado de los vuelos, detalles de la reserva del hotel y recomendaciones locales. Esto incluye enviar alertas sobre retrasos en vuelos, recordatorios de check-in y sugerencias de restaurantes cercanos. Un ejemplo es un pasajero que recibe una notificación en su teléfono móvil de un chatbot que le informa sobre un cambio en la puerta de embarque y le ofrece una actualización en tiempo real del estado de su vuelo.

Asimismo, en la atención al cliente en hoteles, los chatbots implementados en aplicaciones móviles pueden manejar solicitudes de los huéspedes, como pedir servicio a la habitación, reservar servicios de spa o solicitar asistencia con el equipaje. Por ejemplo, un huésped puede usar el chatbot del hotel en su aplicación móvil para solicitar toallas adicionales y reservar una sesión en el gimnasio del hotel.

▶ Sector educativo

En el sector educativo, los chatbots y agentes IA están facilitando el aprendizaje y mejorando la gestión administrativa. Por un lado, en la asistencia académica, los chatbots pueden proporcionar ayuda personalizada a los estudiantes, respondiendo preguntas sobre tareas, explicando conceptos complejos y ofreciendo recursos educativos adicionales. Un estudiante de secundaria, por ejemplo, puede utilizar un chatbot para obtener explicaciones detalladas sobre temas de álgebra, incluyendo ejemplos paso a paso y enlaces a videos educativos.

Por otro lado, en la gestión administrativa, las instituciones educativas utilizan chatbots para ayudar con la inscripción de cursos, proporcionar información sobre horarios y fechas importantes, y responder preguntas sobre políticas académicas. Un chatbot en el sitio web de una universidad puede guiar a un estudiante a través del proceso de inscripción a clases, proporcionándole información sobre los cursos disponibles y los requisitos de cada uno.

Adicionalmente, en el soporte emocional y bienestar, los chatbots están siendo utilizados para ofrecer apoyo emocional a los estudiantes, proporcionando recursos sobre salud mental y conectándolos con consejeros cuando es necesario. Un estudiante que se siente abrumado puede interactuar con un chatbot diseñado para ofrecer apoyo emocional, obteniendo consejos sobre cómo manejar el estrés y recursos para contactar a un consejero escolar.

▶ Comercio electrónico

En el comercio electrónico, los chatbots y agentes IA están mejorando la experiencia de compra y aumentando la eficiencia operativa. En primer lugar, en la asistencia en el proceso de compra, los chatbots pueden ayudar a los clientes a navegar por el sitio web, encontrar productos específicos y realizar compras, utilizando datos sobre el comportamiento del usuario para ofrecer recomendaciones personalizadas. Por ejemplo, un cliente que busca un nuevo par de zapatos puede recibir sugerencias de un chatbot basadas en su historial de compras y las tendencias actuales de moda.

En segundo lugar, en el soporte postventa, los chatbots pueden asistir a los clientes con consultas sobre envíos, devoluciones y garantías, proporcionando actualizaciones en tiempo real sobre el estado del pedido y guiando a los clientes a través del proceso de devolución si es necesario. Un cliente que necesita devolver un producto defectuoso puede interactuar con un chatbot que le proporciona una etiqueta de devolución y le indica los pasos a seguir para enviar el producto de vuelta.

Además de las interacciones basadas en texto, los chatbots están comenzando a utilizar entradas visuales y de voz para interactuar con los usuarios. Estos chatbots multimodales pueden entender y responder a preguntas utilizando imágenes, videos y comandos de voz. Por ejemplo, un usuario puede enviar una foto de un producto defectuoso a un chatbot de servicio al cliente, que analizará la imagen y proporcionará instrucciones sobre cómo proceder con la reclamación.

Asimismo, los asistentes virtuales proactivos están evolucionando para anticipar las necesidades de los usuarios y ofrecer asistencia antes de que se solicite. Esta capacidad proactiva permite que los asistentes virtuales brinden una experiencia más fluida y eficiente al usuario.

Casos de éxito de implementación

Sephora

La cadena de tiendas de belleza Sephora utiliza un chatbot en Facebook Messenger para proporcionar recomendaciones de productos y asistencia personalizada. El chatbot, llamado Sephora Virtual Artist, utiliza la tecnología de realidad aumentada para permitir a los usuarios probarse virtualmente diferentes productos de maquillaje antes de realizar una compra.

H&M

H&M, una conocida cadena de moda, implementó un chatbot en su aplicación móvil y sitio web para ayudar a los clientes a encontrar ropa y accesorios. El chatbot puede sugerir atuendos completos basados en las preferencias del usuario y el clima local.

KLM Royal Dutch Airlines

KLM utiliza un chatbot llamado "BlueBot" para asistir a los pasajeros con una variedad de tareas, desde la reserva de vuelos hasta la verificación del estado del vuelo y el envío de recordatorios de check-in.

4.2.2 CRMs con Inteligencia Artificial y sus principales ventajas

La integración de la Inteligencia Artificial (IA) en los sistemas de gestión de relaciones con clientes (CRM) ha transformado la forma en que las empresas interactúan con sus clientes. Los CRMs con IA ofrecen una serie de ventajas que mejoran la eficiencia, personalización y efectividad de las estrategias de marketing y ventas. A continuación, se detalla cómo funcionan estos sistemas, sus aplicaciones y los beneficios que aportan.

Un CRM con Inteligencia Artificial es una plataforma que utiliza algoritmos de IA y técnicas de aprendizaje automático para analizar datos de clientes y proporcionar insights accionables. Estas herramientas pueden predecir comportamientos de clientes, automatizar tareas repetitivas y mejorar la personalización de las interacciones con los clientes.

Los componentes de un CRM con Inteligencia Artificial son los siguientes:

▼ **Análisis predictivo**

El análisis predictivo utiliza modelos de IA para prever comportamientos futuros basados en datos históricos. En el contexto de un CRM, esto puede incluir predicciones sobre compras futuras, tasas de abandono y respuestas a campañas de marketing.

ⓘ **Ejemplo**

Una empresa minorista utiliza análisis predictivo para identificar clientes que tienen una alta probabilidad de abandonar el servicio. Con esta información, pueden lanzar campañas de retención personalizadas para estos clientes específicos.

▼ **Automatización de marketing**

La automatización de marketing con IA permite a las empresas enviar mensajes personalizados a los clientes en el momento adecuado. Utiliza datos de comportamiento del cliente para activar campañas de marketing específicas.

ⓘ **Ejemplo**

Un CRM envía automáticamente correos electrónicos de seguimiento a clientes que han abandonado su carrito de compras, ofreciendo un descuento para incentivarlos a completar la compra.

▼ **Gestión de ventas**

La IA puede priorizar leads basándose en su probabilidad de conversión, optimizando el tiempo y esfuerzo del equipo de ventas. También puede proporcionar recomendaciones sobre las mejores acciones a seguir para cerrar una venta.

> **ⓘ Ejemplo**
>
> Un representante de ventas recibe una notificación en su CRM sobre un lead que ha mostrado un alto nivel de interés basado en su interacción con el sitio web y correos electrónicos de marketing, sugiriendo una llamada de seguimiento inmediata.

▶ Análisis de sentimiento

El análisis de sentimiento utiliza técnicas de procesamiento del lenguaje natural para interpretar las emociones detrás de las interacciones del cliente. Esto puede aplicarse a correos electrónicos, chats en vivo, comentarios en redes sociales y más.

> **ⓘ Ejemplo**
>
> Una empresa de servicios analiza los correos electrónicos entrantes de sus clientes para identificar aquellos que expresan frustración o insatisfacción, permitiendo una respuesta rápida y adecuada.

La Inteligencia Artificial (IA) proporciona insights basados en datos que pueden informar decisiones estratégicas, incluyendo la identificación de tendencias de mercado, la evaluación del rendimiento de campañas y la optimización de estrategias de ventas. Por ejemplo, un CRM con IA puede analizar el rendimiento de diferentes campañas de marketing y recomendar ajustes para mejorar la tasa de conversión, basándose en datos históricos y actuales. Además, estos CRMs pueden anticipar las necesidades y comportamientos de los clientes, permitiendo a las empresas adelantarse y ofrecer soluciones proactivas. Un ejemplo de esto es una empresa de telecomunicaciones que utiliza su CRM con IA para prever cuándo los clientes podrían necesitar actualizar su plan de datos, enviándoles ofertas especiales antes de que consideren cambiar a un competidor.

A continuación, se presentan algunas aplicaciones específicas en diferentes industrias:

▶ Sector financiero

En el sector financiero, los CRMs con IA ayudan a gestionar las relaciones con los clientes de manera más efectiva y a personalizar los servicios financieros.

- **Detección de fraude:** la IA puede analizar patrones de comportamiento para identificar transacciones sospechosas y alertar a los clientes y al equipo de seguridad. Por ejemplo, un banco utiliza su CRM con IA para detectar transacciones inusuales en las cuentas de sus clientes, enviando alertas inmediatas y bloqueando temporalmente las cuentas para prevenir fraudes.

- **Asesoramiento financiero personalizado:** los CRMs pueden proporcionar recomendaciones personalizadas sobre productos financieros basadas en el perfil de riesgo y objetivos financieros de cada cliente. Por ejemplo, un asesor financiero recibe sugerencias automáticas sobre productos de inversión que podrían interesar a sus clientes, basándose en su historial de inversiones y situación financiera actual.

▶ **Sector retail**

En el sector retail, los CRMs con IA ayudan a optimizar la experiencia de compra y a aumentar la lealtad del cliente.

- **Gestión de inventario:** la IA puede prever la demanda de productos y optimizar la gestión de inventarios, asegurando que los productos más populares estén siempre disponibles. Por ejemplo, un minorista utiliza su CRM con IA para prever la demanda de productos estacionales, ajustando sus pedidos y stock para satisfacer la demanda durante los picos de ventas.

- **Campañas de marketing segmentadas:** los CRMs pueden segmentar a los clientes basándose en sus comportamientos de compra y preferencias, permitiendo campañas de marketing más efectivas. Por ejemplo, un CRM con IA segmenta a los clientes que compran productos de cuidado personal y envía ofertas y recomendaciones personalizadas, aumentando las ventas y la satisfacción del cliente.

▶ **Sector salud**

En el sector salud, los CRMs con IA mejoran la atención al paciente y optimizan las operaciones administrativas.

- **Seguimiento de pacientes:** los CRMs pueden hacer seguimiento de las citas médicas, enviar recordatorios y proporcionar recomendaciones personalizadas basadas en el historial médico de cada paciente. Por ejemplo, un CRM envía recordatorios automáticos a los pacientes sobre sus citas médicas y recomendaciones de seguimiento, mejorando la adherencia a los tratamientos.

- **Análisis de datos de salud:** la IA puede analizar datos de salud para identificar patrones y tendencias, ayudando a los profesionales de la salud a tomar decisiones informadas. Por ejemplo, un hospital utiliza su CRM con IA para analizar datos de pacientes e identificar tendencias en enfermedades crónicas, permitiendo la implementación de programas de prevención más efectivos.

Los sistemas de gestión de relaciones con clientes (CRMs) están comenzando a integrar modelos de lenguaje avanzados como GPT-4, lo que mejora significativamente la comprensión y generación de texto. Esta integración permite interacciones más naturales y precisas con los clientes, facilitando una comunicación más eficiente y efectiva. Además, el análisis de voz utiliza IA para interpretar y analizar llamadas telefónicas, proporcionando insights valiosos sobre la satisfacción del cliente y el rendimiento del equipo de ventas.

Simultáneamente, la integración de realidad aumentada (AR) y realidad virtual (VR) en CRMs está comenzando a explorarse, ofreciendo nuevas formas de interactuar con los clientes y presentar productos. Estas tecnologías emergentes prometen revolucionar la forma en que las empresas muestran sus productos y servicios, creando experiencias más inmersivas y atractivas para los clientes.

Sin embargo, es fundamental reconocer que los algoritmos de IA pueden heredar sesgos de los datos con los que se entrenan, lo que puede llevar a decisiones injustas o discriminatorias. Por ello, es importante monitorear y ajustar continuamente los modelos para minimizar estos sesgos. Por ejemplo, un CRM de reclutamiento debe ser revisado regularmente para asegurar que los algoritmos no favorezcan injustamente a ciertos perfiles de candidatos, promoviendo una contratación equitativa.

Además, las decisiones tomadas por sistemas de IA deben ser transparentes y explicables para mantener la confianza del cliente. Los usuarios deben poder entender cómo y por qué se toman ciertas decisiones, lo que es esencial para garantizar la aceptación y confianza en estas tecnologías avanzadas.

Asimismo, la integración con el Internet de las Cosas (IoT) permitirá a los CRMs recopilar datos en tiempo real de dispositivos conectados, proporcionando insights más precisos y actualizados. Esta capacidad mejorará aún más la precisión y relevancia de las recomendaciones y análisis proporcionados por los CRMs.

Finalmente, la capacidad de los CRMs para analizar grandes volúmenes de datos continuará mejorando, proporcionando insights más profundos y accionables. Con el tiempo, esto permitirá a las empresas tomar decisiones más informadas y estratégicas, basadas en una comprensión más completa y detallada de sus clientes y operaciones.

A continuación, se presentan tres de las plataformas CRM más populares que han incorporado la IA de manera destacada: salesforce Einstein, Zoho CRM Plus y HubSpot CRM.

Salesforce Einstein

Fuente: página web de Salesforce sobre Inteligencia Artificial (captura de pantalla).

Salesforce Einstein es una plataforma de Inteligencia Artificial integrada en Salesforce, uno de los CRMs más populares a nivel mundial. Einstein proporciona capacidades de IA como análisis predictivo, automatización de procesos y personalización avanzada.

▶ **Einstein Analytics:** esta herramienta permite analizar grandes volúmenes de datos para identificar patrones y tendencias. Los usuarios pueden crear informes y dashboards personalizados para monitorear el rendimiento y tomar decisiones informadas. Por ejemplo, un gerente de ventas utiliza Einstein Analytics para analizar las tasas de conversión de leads en diferentes regiones y ajustar sus estrategias de ventas en consecuencia.

▶ **Einstein Prediction Builder:** permite a las empresas crear modelos predictivos sin necesidad de conocimientos avanzados de programación. Estos modelos pueden prever el comportamiento del cliente, como la probabilidad de abandono o la probabilidad de conversión de un lead. Un equipo de marketing, por ejemplo, utiliza Einstein Prediction Builder para identificar clientes que tienen una alta probabilidad de abandonar el servicio en los próximos tres meses y desarrolla campañas de retención específicas para estos clientes.

▶ **Einstein Voice:** permite a los usuarios interactuar con Salesforce utilizando comandos de voz, facilitando la entrada de datos y la navegación por la plataforma. Un representante de ventas puede dictar notas sobre una reunión con un cliente directamente en Salesforce utilizando Einstein Voice, ahorrando tiempo y asegurando que la información esté registrada con precisión.

Zoho CRM Plus

Fuente: página web de Zoho CRM Plus (captura de pantalla).

Zoho CRM Plus es otra plataforma que integra Inteligencia Artificial para mejorar la gestión de relaciones con los clientes. Zia, el asistente de Inteligencia Artificial de Zoho, ofrece diversas funcionalidades para optimizar las operaciones.

▶ **Zia Voice:** similar a Einstein Voice, Zia Voice permite la interacción por voz, facilitando la actualización de registros y la obtención de información rápidamente. Un gerente de ventas puede usar Zia Voice para obtener un resumen de las oportunidades de ventas abiertas y actualizar el estado de un cliente potencial durante su trayecto al trabajo.

▶ **Análisis predictivo:** Zia analiza los datos de clientes para prever comportamientos y proporcionar recomendaciones personalizadas. Por ejemplo, Zia sugiere a un equipo de marketing que enfoque una campaña específica en un segmento de clientes que ha mostrado interés reciente en un producto nuevo, basado en su comportamiento de navegación y compras anteriores.

▶ **Automatización del flujo de trabajo:** Zia automatiza tareas repetitivas como la creación de tickets de soporte, el seguimiento de correos electrónicos y la asignación de leads. Zia asigna automáticamente nuevos leads a los representantes de ventas adecuados basándose en la ubicación geográfica y la disponibilidad, asegurando una respuesta rápida y eficiente.

HubSpot CRM

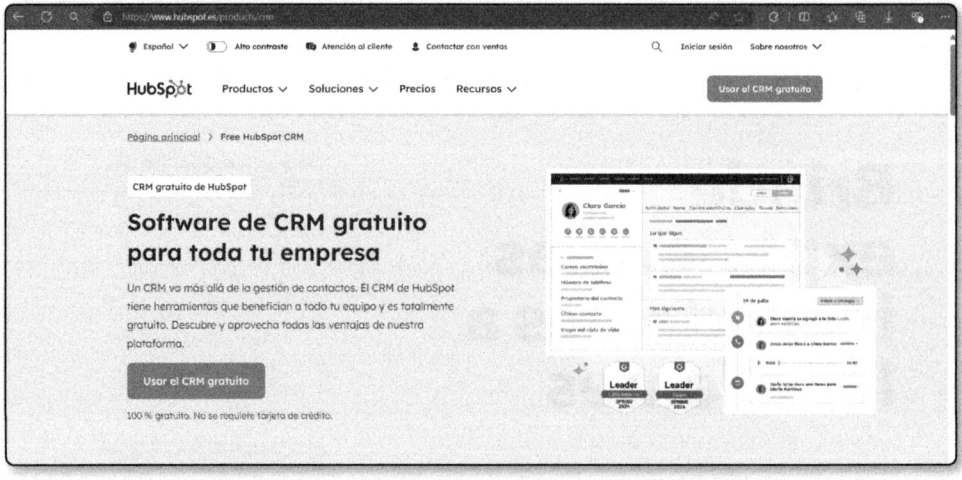

Fuente: página web de HubSpot CRM (captura de pantalla).

HubSpot CRM es conocido por su enfoque en la simplicidad y la facilidad de uso, integrando Inteligencia Artificial para mejorar la eficacia del marketing, ventas y servicio al cliente.

▶ **Lead Scoring Predictivo:** HubSpot utiliza IA para calificar leads automáticamente, identificando aquellos con mayor probabilidad de conversión. Un equipo de ventas recibe una lista de leads priorizados por HubSpot, lo que les permite enfocarse en los prospectos más prometedores y mejorar las tasas de conversión.

▶ **Chatbots inteligentes:** los chatbots de HubSpot están diseñados para interactuar con los visitantes del sitio web, proporcionar respuestas rápidas y recopilar información útil. Un visitante del sitio web, por ejemplo, puede interactuar con un chatbot de HubSpot que le proporciona información sobre un producto y programa una demostración con un representante de ventas.

▶ **Análisis de campañas:** HubSpot analiza el rendimiento de las campañas de marketing y proporciona recomendaciones para mejorar la efectividad de futuras campañas. Un equipo de marketing utiliza los insights proporcionados por HubSpot para ajustar su estrategia de contenido, centrándose en los temas y formatos que generan más interacción.

ⓘ Nota

Se espera que las plataformas CRM continúen mejorando en términos de accesibilidad y usabilidad, haciendo que las poderosas capacidades de IA sean accesibles para empresas de todos los tamaños.

PRUEBA DE AUTOEVALUACIÓN

Preguntas tipo test

1. *¿Qué es el procesamiento del lenguaje natural (PLN)?*

    a) *Una técnica para generar gráficos*

    b) *Una rama de la IA que se centra en la interacción entre ordenadores y el lenguaje humano*

    c) *Un método de análisis financiero*

2. *¿Cuál de los siguientes es un ejemplo de una plataforma para la creación de chatbots?*

    a) *Google Analytics*

    b) *Dialogflow*

    c) *Adobe Photoshop*

3. *¿Qué modelo de lenguaje avanzado es utilizado por OpenAI para la generación de conversaciones?*

    a) *BERT*

    b) *GPT-3*

    c) *RNN*

4. *¿Cuál es una ventaja de utilizar herramientas de IA en la generación de conversaciones?*

    a) *Aumento en el costo operativo*

    b) *Mejora en la eficiencia operativa*

    c) *Disminución en la personalización de la interacción*

5. *¿Qué técnica utilizan los modelos de lenguaje como GPT-3 para predecir la siguiente palabra en una oración?*

a) *Análisis financiero*

b) *Redes neuronales profundas*

c) *Generación de gráficos*

6. *¿Qué desafío importante enfrentan las herramientas de IA en la generación de conversaciones?*

a) *Alta comprensión y contexto en todas las conversaciones*

b) *Dificultades para entender el contexto completo de una conversación*

c) *Reducción de la eficiencia operativa*

7. *¿Cuál de las siguientes NO es una aplicación práctica de la tecnología de generación de conversaciones?*

a) *Atención al cliente en el sector bancario*

b) *Generación de contenido gráfico*

c) *Soporte técnico en empresas de tecnología*

8. *¿Qué herramienta de Microsoft se utiliza para la creación y despliegue de bots?*

a) *Dialogflow*

b) *IBM Watson Assistant*

c) *Microsoft Bot Framework*

9. *¿Qué plataforma de IBM se utiliza para crear asistentes virtuales y chatbots?*

a) *Azure AI*

b) *IBM Watson Assistant*

c) *Google Assistant*

10. *¿Qué técnica permite a los chatbots analizar y comprender las emociones detrás de las interacciones del cliente?*

a) *Análisis de sentimientos*

b) *Generación de gráficos*

c) *Análisis financiero*

Frases con un hueco para una palabra

1. *Las herramientas de IA para la generación de conversaciones utilizan algoritmos avanzados y técnicas de _____.*

2. *El procesamiento del lenguaje natural se centra en la interacción entre los ordenadores y el _____ humano.*

3. *Los modelos de lenguaje como GPT-3 se entrenan con grandes volúmenes de _____.*

4. *Los chatbots basados en _____ siguen un conjunto predefinido de reglas y flujos de conversación.*

5. *La _____ de sentimientos permite a los chatbots interpretar las emociones del usuario a partir del texto.*

Preguntas cortas de desarrollo

1. *Describe las principales técnicas utilizadas en la generación de conversaciones mediante IA.*

2. *Explica las ventajas de utilizar herramientas de IA en la generación de conversaciones.*

3. *Analiza los desafíos y consideraciones en el uso de herramientas de IA para la generación de conversaciones.*

4. *Discute los casos de uso y ejemplos prácticos de la tecnología de generación de conversaciones en diferentes sectores.*

5. *Reflexiona sobre los avances tecnológicos y perspectivas futuras en la generación de conversaciones mediante IA.*

RESPUESTAS

Preguntas tipo test

1. *b) Una rama de la IA que se centra en la interacción entre ordenadores y el lenguaje humano*

2. *b) Dialogflow*

3. *b) GPT-3*

4. *b) Mejora en la eficiencia operativa*

5. *b) Redes neuronales profundas*

6. *b) Dificultades para entender el contexto completo de una conversación*

7. *b) Generación de contenido gráfico*

8. *c) Microsoft Bot Framework*

9. *b) IBM Watson Assistant*

10. *a) Análisis de sentimientos*

Frases con hueco

1. *procesamiento del lenguaje natural*

2. *lenguaje*

3. *texto*

4. *reglas*

5. *análisis*

Preguntas cortas de desarrollo

1. *Describe las principales técnicas utilizadas en la generación de conversaciones mediante IA.*

   Las principales técnicas incluyen el procesamiento del lenguaje natural (PLN), que se centra en la interacción entre ordenadores y el lenguaje humano, utilizando análisis sintáctico y semántico, y modelos de lenguaje como GPT-3, que se entrenan con grandes volúmenes de texto para predecir la siguiente palabra en una oración. Estas técnicas permiten la creación de respuestas coherentes y contextuales en chatbots y asistentes virtuales.

2. *Explica las ventajas de utilizar herramientas de IA en la generación de conversaciones.*

   Las herramientas de IA mejoran la eficiencia operativa al automatizar la gestión de conversaciones, reduciendo la carga de trabajo del personal humano. Además, proporcionan disponibilidad 24/7, ofreciendo asistencia continua a los usuarios. La personalización y adaptación de las respuestas basadas en el historial y preferencias del usuario también mejoran la experiencia del cliente, haciéndola más relevante y satisfactoria.

3. *Analiza los desafíos y consideraciones en el uso de herramientas de IA para la generación de conversaciones.*

   Los principales desafíos incluyen la privacidad y seguridad de los datos, ya que es esencial proteger la información del usuario y utilizarla de manera ética. La comprensión y el contexto también son problemáticos, ya que las herramientas de IA pueden tener dificultades para entender conversaciones complejas o ambiguas. Además, el entrenamiento y mantenimiento continuo de los modelos de IA son necesarios para asegurar su efectividad y precisión a lo largo del tiempo.

4. *Discute los casos de uso y ejemplos prácticos de la tecnología de generación de conversaciones en diferentes sectores.*

   En el sector bancario, los asistentes virtuales ayudan con consultas sobre cuentas y transacciones. En empresas de tecnología, los chatbots proporcionan soporte técnico y solución de problemas. En dispositivos móviles, los asistentes personales gestionan calendarios y búsquedas de información. Otros sectores como la educación, el retail y la salud también se benefician de esta tecnología, mejorando la atención al cliente, personalizando recomendaciones y optimizando procesos administrativos.

5. *Reflexiona sobre los avances tecnológicos y perspectivas futuras en la generación de conversaciones mediante IA.*

Los avances futuros en PLN permitirán a las herramientas de IA comprender mejor las sutilezas del lenguaje humano, incluyendo ironías y sarcasmos. El aprendizaje continuo y la integración con otras tecnologías emergentes como IoT y AR abrirán nuevas posibilidades para la generación de conversaciones más naturales y efectivas. Las implicaciones éticas y sociales, como la transparencia, inclusión y el impacto en el empleo, también serán áreas clave a considerar para asegurar el uso responsable de estas tecnologías.

ACTIVIDADES OPTATIVAS FINALES

1. Escribe un ensayo de 1000 palabras sobre cómo crees que la Inteligencia Artificial transformará el mercado laboral en los próximos 20 años. Incluye posibles beneficios, desafíos y ejemplos de industrias que serán más afectadas.

2. Realiza una presentación de 10 diapositivas que muestre la evolución de la IA desde la década de 1950 hasta la actualidad, incluyendo hitos importantes, figuras clave y avances tecnológicos.

3. Utiliza una plataforma como Google Colab para crear y entrenar un modelo básico de Machine Learning. Documenta el proceso desde la recopilación de datos, preprocesamiento, entrenamiento y evaluación del modelo.

4. Lee un artículo reciente sobre el uso de la IA en el diagnóstico médico y escribe un resumen de 500 palabras. Incluye tus reflexiones sobre cómo esta tecnología podría mejorar la atención médica y los posibles riesgos.

5. Escribe una entrada de blog de 800 palabras sobre las aplicaciones de la IA en la vida diaria, como asistentes virtuales, recomendaciones de contenido, y vehículos autónomos. Incluye ejemplos prácticos y tu opinión sobre su impacto.

6. Utiliza una plataforma como Dialogflow o IBM Watson para desarrollar un chatbot que pueda responder preguntas frecuentes sobre un tema específico de tu elección. Documenta el proceso y los resultados.

7. Utiliza herramientas de Procesamiento de Lenguaje Natural (PLN) para analizar los sentimientos expresados en una serie de tweets o comentarios de redes sociales sobre un tema actual. Presenta tus hallazgos en un informe de 500 palabras.

8. Investiga las principales consideraciones éticas en el desarrollo y uso de la IA. Escribe un informe de 1000 palabras que discuta temas como la transparencia, la justicia, la privacidad de los datos y la responsabilidad. Incluye ejemplos de buenas prácticas y recomendaciones.

PRUEBA DE EVALUACIÓN FINAL

1. ¿En qué década surgió la IA como campo de estudio formal?

a) Década de 1940

b) Década de 1950

c) Década de 1960

Respuesta correcta: b) Década de 1950

2. ¿Quién introdujo el concepto de "máquina universal" y el "Test de Turing"?

a) John McCarthy

b) Alan Turing

c) Marvin Minsky

Respuesta correcta: b) Alan Turing

3. ¿Qué evento significativo ocurrió en 1997 relacionado con la IA?

a) Creación de ELIZA

b) Desarrollo de redes neuronales profundas

c) Victoria de Deep Blue sobre Garry Kasparov

Respuesta correcta: c) Victoria de Deep Blue sobre Garry Kasparov

4. ¿Cuál es una de las aplicaciones de la IA en la industria de la salud?

a) Trading algorítmico

b) Diagnóstico médico

c) Recomendaciones de contenido

Respuesta correcta: b) Diagnóstico médico

5. ¿Qué técnica de Machine Learning se basa en aprender a partir de datos etiquetados?

a) Aprendizaje supervisado

b) Aprendizaje no supervisado

c) Aprendizaje por refuerzo

Respuesta correcta: a) Aprendizaje supervisado

6. ¿Qué algoritmo se utiliza comúnmente para predecir valores continuos?

a) Redes neuronales

b) Árboles de decisión

c) Regresión lineal

Respuesta correcta: c) Regresión lineal

7. ¿Qué tecnología impulsa el desarrollo de vehículos autónomos?

a) Machine Learning

b) IA en tiempo real

c) Deep Learning

Respuesta correcta: c) Deep Learning

8. ¿Qué aplicación de la IA se utiliza para el análisis de riesgo crediticio?

a) Chatbots financieros

b) Análisis de riesgo

c) Trading algorítmico

Respuesta correcta: b) Análisis de riesgo

9. ¿Qué técnica de Procesamiento de Lenguaje Natural evalúa textos para determinar el sentimiento expresado?

a) Análisis de sentimiento

b) Generación de texto

c) Reconocimiento de entidades

Respuesta correcta: a) Análisis de sentimiento

10.¿Cuál es una ventaja de implementar soluciones de IA en la nube?

a) Mayor control sobre los datos

b) Escalabilidad

c) Menor latencia

Respuesta correcta: b) Escalabilidad

11. ¿Qué principio ético es fundamental para asegurar la equidad en los sistemas de IA?

a) Responsabilidad

b) Transparencia

c) Justicia

Respuesta correcta: c) Justicia

12. ¿Cuál fue uno de los primeros programas de procesamiento de lenguaje natural?

a) Siri

b) Alexa

c) ELIZA

Respuesta correcta: c) ELIZA

13. ¿Qué es una red neuronal profunda?

a) Un algoritmo de regresión

b) Una técnica de clustering

c) Una red con múltiples capas de neuronas

Respuesta correcta: c) Una red con múltiples capas de neuronas

14. ¿Cuál es un ejemplo de aprendizaje no supervisado?

a) Clasificación de correos electrónicos

b) Clustering

c) Aprendizaje por refuerzo

Respuesta correcta: b) Clustering

15. ¿Qué herramienta utiliza Deep Learning para mejorar la experiencia de búsqueda de productos en una plataforma de comercio electrónico?

a) Árboles de decisión

b) Redes neuronales profundas

c) Regresión lineal

Respuesta correcta: b) Redes neuronales profundas

16. ¿Qué es el procesamiento de lenguaje natural (PLN)?

a) Una técnica para predecir valores continuos

b) Un enfoque para interactuar con el lenguaje humano

c) Un algoritmo de clustering

Respuesta correcta: b) Un enfoque para interactuar con el lenguaje humano

17. ¿Qué es el aprendizaje por refuerzo?

a) Un método de aprendizaje a partir de datos etiquetados

b) Un método de aprendizaje mediante recompensas y castigos

c) Un método de aprendizaje para predecir valores continuos

Respuesta correcta: b) Un método de aprendizaje mediante recompensas y castigos

18. ¿Qué impacto tiene la IA en el empleo y la sociedad?

a) Solo crea nuevos empleos

b) Reduce la necesidad de formación continua

c) Puede reducir ciertos puestos de trabajo y crear nuevos roles

Respuesta correcta: c) Puede reducir ciertos puestos de trabajo y crear nuevos roles

19. ¿Qué es una capa oculta en una red neuronal?

a) La capa que recibe los datos de entrada

b) La capa que procesa la información mediante cálculos

c) La capa que proporciona la respuesta final del modelo

Respuesta correcta: b) La capa que procesa la información mediante cálculos

20. ¿Qué se requiere para mantener la eficacia de los algoritmos de IA?

a) Entrenamiento continuo con datos actualizados

b) Uso exclusivo de datos históricos

c) Minimización del uso de algoritmos complejos

Respuesta correcta: a) Entrenamiento continuo con datos actualizados

GLOSARIO

▶ **Agente inteligente:** sistema autónomo de IA que percibe su entorno a través de sensores y actúa sobre él utilizando actuadores para alcanzar sus objetivos, optimizando su comportamiento a lo largo del tiempo.

▶ **Algoritmo:** conjunto de reglas o instrucciones definidas paso a paso para realizar una tarea o resolver un problema específico.

▶ **Análisis de riesgo:** uso de algoritmos de IA para evaluar la probabilidad de ocurrencia de eventos negativos, como el incumplimiento de pagos en el sector financiero, mediante el análisis de datos históricos y comportamientos.

▶ **Análisis predictivo:** uso de técnicas de IA para analizar datos históricos y actuales con el fin de hacer predicciones sobre eventos futuros, como la demanda de productos o el comportamiento del mercado.

▶ **Anotación de datos:** proceso de etiquetado de datos para proporcionar contexto adicional, esencial en el entrenamiento de modelos supervisados de machine learning.

▶ **Aprendizaje automático (Machine Learning):** rama de la Inteligencia Artificial que se centra en el desarrollo de algoritmos que permiten a las máquinas aprender de los datos y mejorar su rendimiento con el tiempo sin programarse explícitamente para cada tarea.

▶ **Aprendizaje no supervisado:** método de aprendizaje automático en el que los algoritmos buscan patrones en datos no etiquetados, descubriendo estructuras ocultas sin la guía de etiquetas predefinidas.

▸ **Aprendizaje por refuerzo:** método de aprendizaje automático en el que un agente aprende a tomar decisiones mediante un sistema de recompensas y castigos, optimizando sus acciones para maximizar una recompensa a largo plazo.

▸ **Aprendizaje profundo (Deep Learning):** subcategoría del aprendizaje automático que utiliza redes neuronales profundas con múltiples capas para modelar y resolver problemas complejos, como el reconocimiento de imágenes y el procesamiento del lenguaje natural.

▸ **Aprendizaje supervisado:** método de aprendizaje automático en el que los algoritmos se entrenan utilizando datos etiquetados, permitiendo al modelo aprender la relación entre las características de entrada y la salida deseada.

▸ **Aprendizaje transferido:** técnica en machine learning donde un modelo preentrenado en una tarea se reutiliza y ajusta para una nueva tarea, ahorrando tiempo y recursos en el entrenamiento.

▸ **Arquitectura de red:** diseño estructural de una red neuronal, incluyendo el número de capas, tipos de neuronas y conexiones entre ellas, que determina su capacidad de aprendizaje y rendimiento.

▸ **Asistente virtual:** programa de software que utiliza Inteligencia Artificial para realizar tareas o servicios para un individuo, como Siri de Apple o Google Assistant.

▸ **Asistentes personales:** sistemas de IA diseñados para realizar tareas administrativas y de gestión, como la programación de citas, la gestión de correos electrónicos y la búsqueda de información.

▸ **Automatización cognitiva:** uso de IA para realizar tareas que requieren procesamiento cognitivo, como la comprensión del lenguaje natural y la toma de decisiones complejas, mejorando la automatización de procesos empresariales.

▸ **Automatización de procesos robóticos (RPA):** uso de software para automatizar tareas repetitivas y basadas en reglas en aplicaciones empresariales, mejorando la eficiencia y reduciendo errores humanos.

▸ **Bajo volumen de datos:** situaciones donde los conjuntos de datos disponibles para entrenar modelos de IA son limitados, lo que requiere técnicas especializadas como el aprendizaje transferido y la augmentación de datos.

▸ **Big data analytics:** procesamiento y análisis de grandes volúmenes de datos para extraer información útil y patrones, mejorando la toma de decisiones en diversas industrias.

▼ **Big data:** conjuntos de datos extremadamente grandes y complejos que requieren herramientas avanzadas para su análisis y procesamiento.

▼ **Chatbot:** programa de Inteligencia Artificial que simula una conversación con usuarios humanos, utilizado comúnmente en servicios de atención al cliente y aplicaciones de mensajería.

▼ **Clasificación de sentimientos:** técnica de procesamiento de lenguaje natural que analiza texto para determinar las emociones o actitudes expresadas, útil en el análisis de opiniones y la gestión de la reputación.

▼ **Clasificación:** tarea de aprendizaje automático en la que el objetivo es asignar una etiqueta o categoría a una muestra de datos.

▼ **Cloud computing:** uso de servicios de computación a través de internet, lo que permite el acceso a recursos informáticos escalables y el almacenamiento de datos sin necesidad de infraestructura local.

▼ **Cluster computing:** uso de un grupo de ordenadores conectadas para trabajar juntas como si fueran una sola máquina, distribuyendo tareas de procesamiento y almacenamiento para mejorar la eficiencia en el entrenamiento de modelos de IA.

▼ **Clustering:** técnica de aprendizaje no supervisado que agrupa datos similares en categorías o clústeres sin conocimiento previo de las mismas.

▼ **Computación evolutiva:** conjunto de algoritmos inspirados en la evolución biológica, como los algoritmos genéticos, que se utilizan para resolver problemas de optimización complejos mediante procesos iterativos de selección, cruce y mutación.

▼ **Conjuntos de datos sintéticos:** datos generados artificialmente mediante algoritmos de IA para aumentar los conjuntos de datos disponibles y mejorar el entrenamiento de modelos, especialmente útil en situaciones de datos limitados o sesgados.

▼ **Conversión de texto a imagen:** uso de modelos de IA generativa, como DALL-E, para crear imágenes a partir de descripciones textuales, facilitando la visualización de conceptos y diseños.

▼ **Data lake:** repositorio de almacenamiento que contiene grandes cantidades de datos en su formato nativo, estructurado y no estructurado, facilitando el análisis y la integración de datos en aplicaciones de big data y machine learning.

▼ **Data wrangling:** proceso de limpiar, transformar y mapear datos brutos en un formato adecuado para análisis, esencial en el preprocesamiento de datos para modelos de machine learning.

▼ **Deep blue:** ordenador de IBM que venció al campeón mundial de ajedrez Garry Kasparov en 1997, marcando un hito significativo en el desarrollo de la IA.

▼ **Deep fake:** tecnología que utiliza redes neuronales profundas para crear videos y audios falsos que parecen reales, comúnmente utilizada en aplicaciones de entretenimiento y medios, pero también con potenciales riesgos de desinformación.

▼ **Despliegue de modelos:** proceso de poner un modelo de IA en producción para que pueda utilizarse en aplicaciones del mundo real, asegurando su integración y funcionamiento continuos.

▼ **Edge computing:** procesamiento de datos realizado cerca del lugar donde se generan, en lugar de enviarlos a un centro de datos centralizado, reduciendo la latencia y mejorando la eficiencia en aplicaciones de IA en tiempo real.

▼ **Eliminación de fondo:** técnica de visión por ordenador utilizada para separar el sujeto principal de una imagen o video del fondo, comúnmente aplicada en edición de fotos y producción de videos.

▼ **Ensambles de modelos:** técnica que combina múltiples modelos de IA para mejorar la precisión y la robustez de las predicciones, utilizando métodos como el bagging, boosting y stacking.

▼ **Evaluación de modelos:** proceso de medir el rendimiento de un modelo de IA utilizando métricas específicas como la precisión, la recall, el F1-score y la curva ROC-AUC, asegurando que el modelo cumpla con los requisitos del proyecto.

▼ **Fenomenología de datos:** estudio y análisis detallado de la naturaleza de los datos, sus propiedades y relaciones, para mejorar la comprensión y el uso de los datos en el desarrollo de modelos de IA.

▼ **Frameworks de IA:** plataformas de software que proporcionan herramientas y bibliotecas para desarrollar, entrenar y desplegar modelos de IA, como TensorFlow, PyTorch y Keras.

▼ **Generación de arte:** uso de algoritmos de IA para crear obras de arte digitales, permitiendo nuevas formas de expresión creativa y colaboración entre humanos y máquinas.

▼ **Generación de texto:** uso de modelos de lenguaje para crear contenido textual a partir de datos, incluyendo artículos, resúmenes y respuestas a preguntas.

▸ **Generación de vídeo:** creación de contenido de vídeo utilizando algoritmos de IA, incluyendo la generación automática de vídeos a partir de texto o la mejora de vídeos existentes.

▸ **Generación de voz:** técnica de IA que convierte texto escrito en habla sintetizada, utilizada en aplicaciones como asistentes virtuales y sistemas de navegación GPS.

▸ **IA en tiempo real:** sistemas de Inteligencia Artificial que pueden procesar y analizar datos en tiempo real, proporcionando respuestas inmediatas y mejorando la eficiencia operativa.

▸ **Imagen generativa:** creación de imágenes mediante algoritmos de IA, como DALL-E y MidJourney, que permiten generar imágenes artísticas o fotorealistas a partir de descripciones textuales.

▸ **Ingeniería de características:** proceso de seleccionar, modificar y crear variables relevantes a partir de los datos brutos que pueden mejorar el rendimiento de los modelos de machine learning.

▸ **Ingeniería de prompts:** técnica de optimización de las consultas que se hacen a los modelos de IA para obtener respuestas más precisas y útiles, fundamental en el uso efectivo de herramientas de generación de texto e imágenes.

▸ **Integración continua:** práctica de desarrollo de software que implica la fusión regular de cambios de código en un repositorio centralizado, seguida de la ejecución de pruebas automáticas, esencial para el desarrollo ágil y eficiente de aplicaciones de IA.

▸ **Interfaz conversacional:** plataforma que permite a los usuarios interactuar con sistemas de IA mediante lenguaje natural, utilizada en chatbots y asistentes virtuales para mejorar la experiencia del usuario.

▸ **Interfaz de Programación de Aplicaciones (API):** conjunto de definiciones y protocolos que permite que diferentes aplicaciones de software se comuniquen entre sí, facilitando la integración de servicios de IA en sistemas existentes.

▸ **Internet de las Cosas (IoT):** red de dispositivos físicos interconectados que recopilan y comparten datos, mejorando la eficiencia y la automatización en hogares, industrias y ciudades inteligentes.

▸ **K-means:** algoritmo de aprendizaje no supervisado utilizado para la agrupación de datos en K clústeres, basado en la minimización de la distancia dentro de cada clúster.

▶ **Machine Translation:** uso de IA para traducir texto de un idioma a otro, permitiendo la comunicación y comprensión entre hablantes de diferentes lenguas sin necesidad de traductores humanos.

▶ **Mapeo semántico:** técnica utilizada en procesamiento de lenguaje natural para relacionar conceptos y palabras en función de su significado y contexto, mejorando la comprensión y generación de texto.

▶ **MapReduce:** modelo de programación para procesar y generar grandes conjuntos de datos mediante una arquitectura de procesamiento distribuido, utilizado en big data analytics.

▶ **Minimización de errores:** proceso de ajuste de los parámetros de un modelo de IA para reducir la diferencia entre las predicciones del modelo y los resultados reales, utilizando técnicas como la regresión y el backpropagation.

▶ **Modelo de lenguaje:** algoritmo de IA entrenado en grandes conjuntos de datos textuales para entender y generar texto en lenguaje natural, como GPT-3.

▶ **Modelo de redes Bayesianas:** estructuras gráficas que representan relaciones probabilísticas entre variables, utilizadas para el razonamiento y la inferencia en situaciones de incertidumbre.

▶ **Modelo de transformadores:** arquitectura de red neuronal que ha mejorado significativamente el procesamiento del lenguaje natural mediante mecanismos de atención, utilizada en modelos avanzados como BERT y GPT-3.

▶ **Modelos de cadena de Markov:** modelos probabilísticos que representan sistemas con estados y transiciones entre ellos, utilizados en el reconocimiento de patrones y en el procesamiento de secuencias temporales.

▶ **Modelos generativos:** algoritmos de IA que pueden crear nuevos datos similares a los datos de entrenamiento, utilizados en aplicaciones como la generación de imágenes, música y texto.

▶ **Modelos predictivos:** algoritmos de IA que analizan datos históricos para hacer predicciones sobre eventos futuros, aplicados en áreas como la previsión de demanda y la detección de fraudes.

▶ **Modelos secuenciales:** tipos de modelos de IA diseñados para trabajar con datos que tienen una secuencia temporal, como series de tiempo y texto, incluyendo redes neuronales recurrentes (RNN) y transformadores.

▶ **Monitorización web:** uso de robots de IA para rastrear y analizar contenido en internet, proporcionando información actualizada sobre tendencias, noticias y menciones de marcas en tiempo real.

▶ **Normalización de datos:** proceso de ajuste de los valores de los datos para que se encuentren dentro de un rango similar, mejorando el rendimiento y la precisión de los algoritmos de aprendizaje automático.

▶ **Optimización de hiperparámetros:** proceso de ajuste de los parámetros externos a un modelo de IA, como la tasa de aprendizaje y el número de capas en una red neuronal, para mejorar el rendimiento del modelo.

▶ **Optimización estocástica:** técnicas de optimización que utilizan métodos probabilísticos para encontrar soluciones aproximadas a problemas complejos, como el descenso de gradiente estocástico.

▶ **PCA (Análisis de Componentes Principales):** técnica de reducción de dimensionalidad que transforma un conjunto de variables posiblemente correlacionadas en un conjunto de valores de variables linealmente no correlacionadas.

▶ **Plataforma como servicio (PaaS):** modelo de servicio en la nube que proporciona una plataforma para desarrollar, ejecutar y gestionar aplicaciones sin la necesidad de construir y mantener la infraestructura subyacente, facilitando el desarrollo de aplicaciones de IA.

▶ **Preprocesamiento de datos:** conjunto de técnicas para preparar datos crudos para su uso en modelos de IA, incluyendo limpieza, normalización y transformación de datos.

▶ **Procesamiento de lenguaje natural (NLP):** rama de la Inteligencia Artificial que se centra en la interacción entre los ordenadores y el lenguaje humano, permitiendo a las máquinas entender, interpretar y generar texto de manera similar a como lo hacen los humanos.

▶ **Procesamiento en la nube:** ejecución de tareas de IA utilizando recursos y servicios de computación en la nube, lo que permite manejar grandes volúmenes de datos y realizar cálculos complejos sin necesidad de hardware local potente.

▶ **Propagación hacia atrás (Backpropagation):** algoritmo utilizado para entrenar redes neuronales ajustando los pesos mediante la minimización del error de predicción, esencial en el aprendizaje supervisado.

- **Reconocimiento de Actividades:** uso de sensores y algoritmos de IA para identificar y clasificar actividades humanas, aplicable en la vigilancia de salud y la domótica.

- **Reconocimiento de imágenes:** tecnología de IA que identifica y clasifica objetos dentro de una imagen, utilizada en aplicaciones como la seguridad, el marketing y la atención sanitaria.

- **Reconocimiento de voz:** uso de IA para convertir el habla en texto, facilitando la interacción con dispositivos y aplicaciones mediante comandos de voz.

- **Red neuronal convolucional (CNN):** tipo de red neuronal especialmente eficaz en el procesamiento de datos estructurados en forma de grillas, como imágenes, utilizada en aplicaciones de visión por ordenador.

- **Red Neuronal Convolucional de Generación Adversarial (GAN-CNN):** combinación de redes generativas antagónicas y redes neuronales convolucionales para mejorar la generación de imágenes sintéticas realistas.

- **Red neuronal recurrente (RNN):** tipo de red neuronal que es capaz de procesar secuencias de datos temporales, utilizada en aplicaciones como el análisis de series temporales y la generación de texto.

- **Red neuronal:** modelo computacional inspirado en la estructura del cerebro humano, utilizado en el aprendizaje automático para reconocer patrones complejos en datos.

- **Redes generativas antagónicas (GANs):** técnica de IA que utiliza dos redes neuronales enfrentadas, una generadora y una discriminadora, para crear datos sintéticos que son indistinguibles de los datos reales.

- **Regresión:** técnica de aprendizaje automático utilizada para predecir valores continuos basados en la relación entre variables.

- **Regularización:** técnicas utilizadas para prevenir el sobreajuste en los modelos de machine learning, como la regularización L1 y L2, que penalizan la complejidad del modelo.

- **Resumen automático:** técnica de procesamiento de lenguaje natural que permite generar un resumen condensado de un texto más largo, útil en aplicaciones como la revisión de documentos y la curación de contenidos.

- **Segmentación de imagen:** proceso de dividir una imagen en partes significativas para facilitar su análisis, utilizado en aplicaciones como la detección de objetos y la medicina.

▼ **Series temporales:** conjunto de datos que están secuencialmente ordenados en el tiempo, utilizados en el análisis predictivo y el pronóstico de tendencias.

▼ **Sistema experto:** programa de Inteligencia Artificial que emula la toma de decisiones de un experto humano en un dominio específico, utilizando una base de conocimientos y reglas predefinidas.

▼ **Sistemas autónomos:** máquinas y dispositivos que utilizan IA para realizar tareas sin intervención humana, incluyendo vehículos autónomos, robots industriales y drones.

▼ **Sistemas de control autónomo:** uso de IA para gestionar y operar sistemas sin intervención humana, aplicados en robótica, vehículos autónomos y sistemas de gestión de energía.

▼ **Sistemas de recomendación:** algoritmos de IA que sugieren productos, servicios o contenidos a los usuarios basados en sus preferencias y comportamientos anteriores, utilizados en plataformas de comercio electrónico y streaming.

▼ **Sistemas multiagente:** sistemas compuestos por múltiples agentes inteligentes que interactúan y colaboran para resolver problemas complejos, utilizados en simulaciones y optimización de recursos.

▼ **Supercomputación:** uso de ordenadores extremadamente poderosas para realizar cálculos complejos a gran escala, esencial en el entrenamiento de modelos avanzados de IA.

▼ **Técnica de Montecarlo:** métodos de simulación que utilizan el muestreo aleatorio para estimar propiedades y resultados de sistemas complejos, aplicados en la evaluación de riesgos y la optimización.

▼ **Técnicas de análisis de datos:** métodos utilizados para inspeccionar, limpiar y modelar datos con el objetivo de descubrir información útil, informar conclusiones y apoyar la toma de decisiones.

▼ **Técnicas de validación cruzada:** métodos para evaluar el rendimiento de un modelo de IA mediante la división de los datos en múltiples subconjuntos y la prueba del modelo en cada uno de ellos, mejorando su generalización.

▼ **Text mining:** proceso de extracción de información útil y patrones de grandes volúmenes de texto no estructurado, utilizado en análisis de redes sociales, estudios de mercado y minería de opiniones.

▼ **Text-to-Speech (TTS):** tecnología que convierte texto escrito en habla sintetizada, utilizada en aplicaciones como asistentes virtuales y sistemas de navegación GPS.

▶ **Transformadores:** tipo de arquitectura de red neuronal que ha revolucionado el procesamiento de secuencias, utilizado en modelos avanzados de procesamiento de lenguaje natural como BERT y GPT-3.

▶ **Transparencia en IA:** principio ético que exige que los modelos de IA sean comprensibles y explicables, permitiendo a los usuarios entender cómo se toman las decisiones y fomentar la confianza en los sistemas automatizados.

▶ **Tratamiento de imágenes:** uso de algoritmos de IA para mejorar, modificar o analizar imágenes digitales, aplicable en áreas como la fotografía, la medicina y la seguridad.

▶ **Tutoría inteligente:** sistemas de IA que proporcionan apoyo educativo personalizado a los estudiantes, adaptándose a sus necesidades y ritmos de aprendizaje para mejorar los resultados académicos.

▶ **Vectorización de texto:** proceso de convertir texto en una representación numérica que pueda ser utilizada por algoritmos de IA, comúnmente realizada mediante técnicas como Bag of Words, TF-IDF y embeddings de palabras.

▶ **Vehículos autónomos:** automóviles y otros vehículos que utilizan IA para navegar y operar sin intervención humana, mejorando la seguridad y la eficiencia del transporte.

▶ **Visualización de datos:** uso de gráficos y otros elementos visuales para representar datos y sus relaciones, facilitando la comprensión y el análisis de grandes volúmenes de información.

▶ **Voz artificial:** tecnología que permite a los ordenadores generar voz humana sintética, utilizada en aplicaciones de accesibilidad, asistentes virtuales y sistemas de navegación.

▶ **Web scraping:** técnica de extracción automática de datos de sitios web, utilizada para recopilar información relevante de internet de manera rápida y eficiente.

▶ **Web semántica:** extensión de la web actual que proporciona un marco para compartir e interconectar datos a través de diversos sistemas y aplicaciones, mejorando la búsqueda y la integración de información.

▶ **Word embeddings:** representación de palabras en un espacio vectorial continuo, donde palabras con significados similares están cerca unas de otras, utilizado en procesamiento de lenguaje natural para mejorar la comprensión semántica.

▶ **XAI (Explainable AI):** Inteligencia Artificial explicable que se centra en desarrollar modelos de IA cuyos resultados y procesos son interpretables y comprensibles por los humanos, promoviendo la transparencia y la confianza en las decisiones automatizadas.

▼ **XGBoost:** algoritmo de machine learning basado en árboles de decisión que es altamente eficiente y preciso, utilizado en competiciones y aplicaciones de predicción.

▼ **YOLO (You Only Look Once):** algoritmo de detección de objetos en tiempo real que es rápido y preciso, utilizado en aplicaciones de visión por ordenador como la vigilancia y la conducción autónoma.

SÍGUENOS EN INSTAGRAM Y ACCEDE GRATIS A NUESTRA BIBLIOTECA DIGITAL DURANTE 30 DÍAS.

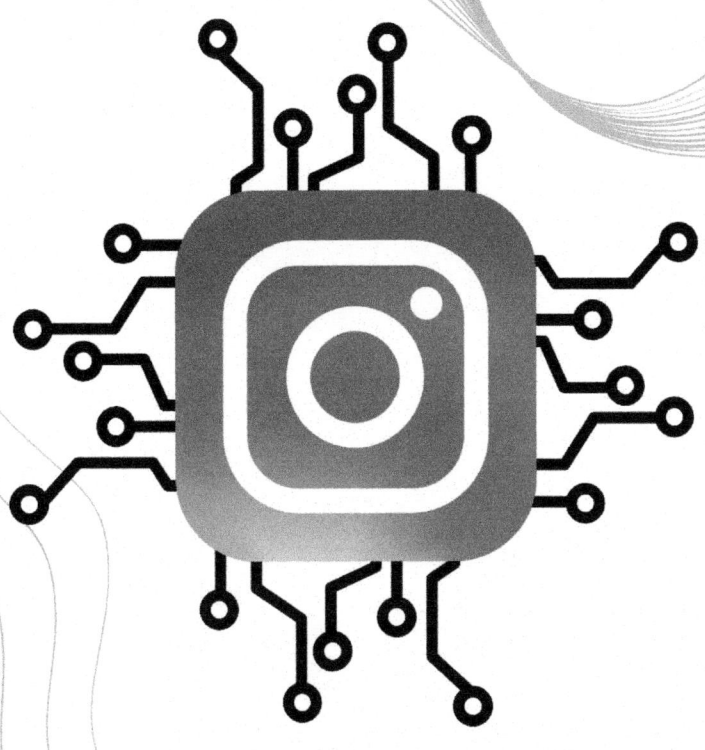

@grupoeditorialrama

¡ENVIANOS TU MAIL POR PRIVADO!

 Grupo Editorial
ra-ma 40 ANIVERSARIO